ヨハン・ハインリッヒ・
ペスタロッチ

ダニエル・トレェラー著
乙訓　稔　監訳
大沢　裕・椋木香子訳

Daniel Tröhler
Johann Heinrich Pestalozzi

東信堂

日本語版への序

ペスタロッチと日本——例外的な関係なのか、通常の関係なのか——

日本において、ペスタロッチが百年来ずっと注目されていることは、一見すると驚くべきことである。とりわけ、言葉と同様にまた宗教や政治制度も非常に異なっているのに、今日スイスと日本の間の緊密な関係が少しも失われていないことは素晴らしいことである。それゆえ、日本とペスタロッチの関係も特別なことなのである。

しかし、この特別なことは、そもそも同じ歴史的基底を有している。日本は睦仁(明治)天皇の治世下で西欧に目を向け、欧州風の帝国主義の強国となったし、また——一九世紀におけるすべての西欧の国々のように——日本の全住民を国民という名のもとに義務を負わせる必要性を認識したのであった。一八七二年に公布された「学制」の学校教育の普及は、諸国家が基準にした「国民陶冶」の過程において学校制度を堅実に拡充したし、また学校の義務化を達成した西欧の模範に従っていたのである。

このような背景のなかで、学校制度の拡充を近代化された教授能力の養成に結びつけるという戦略において、日本は少しも例外ではないし、全く反対でもなく違っていない。一八七二年にはまだ最初の国立の師範学校が設立されておらず、大学南校では一年前の一八七一年に英語を教授するため日本政府によって招請された米国人マリオン・M・スコットが指導していた。彼は、米国の教師教育の点で頼りにされていたのであった。

北米では、ペスタロッチは様々な経路で有名になっていたし、一部は直接的に「ペスタロッチ主義者」、すなわちかつての門弟や信奉者を通して有名であった。後には、英国等の受容を経由してペスタロッチを知っていたチャールズ・メイヨーのようなアイルランドの実践活動家、そして最終的には特にホーレス・マンやヘンリー・バーナードのような学校政策に関する改革者を経由していた。ペスタロッチの受容の二つの筋道が区別されるであろう。すなわち、比較的狭く教授学と結びついた「実物教授」という教授実践の受容と、また教育学的な愛の権化に値するペスタロッチの人物に焦点化された受容である。

マリオン・M・スコットは、後の一八七五年から一八七七年まで政府の指令で米国のペスタロッチ運動の中心であったニュー・ヨーク州のオスウィーゴー師範学校で、米国のペスタロッチ主義者エドワード・オースチン・シェルドンの指導のもとに研究していた高嶺秀夫の例のように、米国のペスタロッチ主義に関して同様に頼りにされていた。高嶺は、続いて東京の師範学校に採用されたし、またオスウィーゴーで学んだ「実物学習」のペスタロッチ法を教職志願者に教えるため研究したのであった。

多くの他の国々におけるように、日本においてもまた「実物教授」への賞讃からペスタロッチの人物賞讃への変化が起こった。それは、およそ一九〇〇年の末になって、人物ペスタロッチよりも学校の教授方法が少なくなり、両者を切り離さない賞讃を解消した。トーマス・デビドソンが一九〇一年にその著書の米国『教育史』で書いていることは、西欧世界と日本におけるペスタロッチ受容のための代表的なものである。すなわち、「教育において、ルソーとカントの系列、つまり本性と理性のために……短時間の学習と不十分な制度で、しかし圧倒的な民衆における信頼と子どもたちへの愛をもって、注目に値する歩みを進めた最初の人は、ペスタロッチであった。この暖かい心を持った献身的な人物は、まさしく近代の大衆教育の父であると言われてよいであろう」（前掲書、二二九頁以下）。

それにもかかわらず、一面では米国と欧州の間に、他面では日本との間に「真の」ペスタロッチ解釈において違いが存在した。日本のペスタロッチ主義者長田新とカント主義者でペスタロッチ主義者のパウル・ナトルプが徹底的に行った議論は有名である。その際に長田は、その批判においてすべて誤ってはいないが、ナトルプがペスタロッチをドイツ理想主義の理性のメガネを通して読解したと非難したし、またナトルプは長田がペスタロッチを東洋的神秘主義の光のなかで理解しようとしたと非難した。それがどうであろうと、長田の大きな功績は、ペスタロッチを研究（場合によっては賞讃）文献に基づいて読んだだけでなく、ペスタロッチの著作を「原典に戻り」包括的に日本の言葉に翻訳して日本の読者諸氏をペスタロッチに直接近づけ易くしたことであった。この大きな文化の伝達の業績はスイスにおいても高く評価され、彼はスイス政府から「ペスタロッチ賞」と一九六〇年にはチューリッヒ大学から名誉博士号を授与された。彼のペスタロッチに対する敬慕は、スイスでペスタロッチのそばに並んで埋葬されることを欲したほど大きかった。

日本におけるペスタロッチへの敬慕は、欧州におけるよりも非常に長く保たれた。それは、欧州ではほとんどはっきりと示されない、日本ないし東洋の敬いと尊崇の文化に結びついているのかもしれない。この傾向にもかかわらず、より強力に学問的な水準へ方向づけられてペスタロッチに取り組む新しい形式が形成された。例えば、ブラウンシュヴァイクで出た宮崎俊明の学位論文「ペスタロッチと彼の読書」(一九九二年)や伊藤敏子の優れた受容史研究『ペスタロッチの教育学における直観の範疇―一九世紀における理論と受容』(一九九二年)である。

この僅かな概観から、ペスタロッチは日本において大変注視されたし、(なおまだ常に)注視されているということは、全く驚くことでないかもしれない。一九世紀における国民国家の国家主義的ないし帝国主義的な性格は、世界的な現象として学校改革とそれとともにまた教師教育を不可欠とした。この二つのことに関し、ペスタロッチは著作と実行の人として模範となることができた。もちろん、そこに例外を探すことができるに違いない。何処でも学校の改革と教師教育をもたらした国民国家的な運動が存在したが、だがそれはペスタロッチに関連づけられなかった。すなわち、この点で日本も例外でなく、むしろ――非常に興味深い――通常の例なのである。

今日、大西洋を越えた対話が可能であることは、すべて外国の日本生まれのペスタロッチ研究者宮崎俊明氏や伊藤敏子氏と乙訓稔氏のような同学の人たちのお陰である。乙訓稔氏には、すでに二〇年余り前の一九九三年から極めて親密な関係を頂いており、一九八八年に出版された私のペスタロッチに関する博士論文の出版書と、私の日本語版への序を翻訳して出版して頂き、また今回も大変な礼遇を私に示して頂いていることに私的にも敬意を表するわけでありますし、そのことに対して私は乙訓稔氏に心からの感謝を申し上げる次第です。実際、また国際的・歴史的な教育研究のためにも新しい交流の可能性を保ち続けたいと存じます。

二〇一四年一月　　ルクセンブルクにて

ダニエル・トレェラー

ヨハン・ハインリッヒ・ペスタロッチ／目　次

日本語版への序　i
訳者凡例　xii

序　章 …… 3

第一章　一八世紀中期のチューリッヒ
——経済的・文化的繁栄および革命の策動—— …… 15
第一節　一八世紀の共和制チューリッヒの政治構造　16
第二節　一七五〇年頃のチューリッヒにおける社会生活の商業化　19
第三節　堕落と零落に対する戦い　23

第二章　ペスタロッチの青年期——共和制の革命家—— …… 27
第一節　一七六〇年以降のチューリッヒにおける青年運動　28

第二節　ペスタロッチの急進的共和主義　31
第三節　共和制を支持する仲間たちと職業選択　35
第三章　農業、初期の産業とキリスト教的共和制……40
第一節　古典的な有徳の共和制と初期産業の可能性――ノイホーフ――　41
第二節　初期の産業を加えての農業か、産業なしの農業か　44
第三節　政治の改革　48
第四節　『リーンハルトとゲルトルート』　51
第四章　古い共和制と近代の自然法……53
第一節　スイス共和制への幻滅　54
第二節　民衆の啓蒙と近代の自然法　58
第三節　『リーンハルトとゲルトルート』（一七八五年と一七八七年）　62
第五章　フランスの共和制、古典的共和主義と内面的道徳……66

第一節　フランス革命とペスタロッチの態度表明　67
第二節　一七九〇年代半ばの政治的帰結　71
第三節　ヘルヴェチア革命前夜のペスタロッチの『探究』（一七九七年）　75
第六章　ヘルヴェチア共和国と「方法」の発見……79
第一節　一七八九年のヘルヴェチア革命と昔の有徳の共和制再建の期待　80
第二節　シュタンツ　85
第三節　ブルクドルフ――「方法」――　89
第七章　宣伝と学園の成功……95
第一節　スイス人たちの宣伝とその成果　96
第二節　外国での好成果とペスタロッチを巡る崇拝　100
第三節　政治か教育か　104
第八章　証人としてのペスタロッチのカリスマと問題……110

第一節　政治的争いとペスタロッチ学園の諸段階　111
第二節　経営問題としての成長と成功　115
第三節　イヴェルドンのペスタロッチの教育施設に関する一八一〇年の報告書　121
第九章　教育家の政治的遺言とその使命……126
第一節　学園の不穏な年月　127
第二節　『純真者、誠実者、高潔者に』（一八一五年）　131
第三節　新しい貧民教育施設　136
第一〇章　確信、没落と始められた崇拝……140
第一節　イヴェルドンにおける学園の最終的崩壊　141
第二節　ノイホーフにおける最後の新たな始まりと結末　145
第三節　死、静寂、そして始められた崇拝　149

監訳者あとがき　155

原著年表　160

事項索引　163
地名索引　164
人名索引　167

訳者凡例

一、原著の構成セクションは、欧文であることから算用数字で表記されているが、邦訳の本書では通常の「章」として表記した。その際、「序」は原著で七頁に亘る長さなので「序章」としたが、「小見出し」のセクションは短いので「節」とせず、太字とするにとどめた。

二、原著では、各章に「まえがき」として章の要旨が斜体で表記されているが、翻訳では通常体とした。同様に、特別の意味を持つ語句や強調のために斜体とされている語句については、通常体として鍵括弧を付した。尚、書名やそれに類するものは二重鍵括弧を付して表記した。

三、原著がいわば啓蒙書であることから、原著者は引用註を少なくし、引用註は巻末の書誌に基づいて本文中で略記している。翻訳にあたっては、引用註を巻末の書誌に従って引用の末尾に出典書名と頁数を表記した。

四、原著では、さらに理解を深めるために、参考文献が各章ごとその末尾にほぼ五冊前後挙げられているが、それらは原著にあたる必要のある専門研究者向けのものと解し、本訳書では割愛した。

五、人名と地名の表記は、原則として日本ペスタロッチー・フレーベル学会編『ペスタロッチー・フレーベル事典』（増補改訂版）に依拠した。

ヨハン・ハインリッヒ・ペスタロッチ

序章

ヨハン・ハインリッヒ・ペスタロッチ（一七四六年〜一八二七年）は、世界で最も頻繁に引用される教育学の著作者たちのうちの一人である。確かに彼は頻繁に引用されるけれども、しかし僅かしか読まれていないということが、（教育学）研究には余り好ましい印象を与えない一方、他方でペスタロッチの人物像に特に関心を引き起こす。人が彼を全く読まないとするならば、なぜ問いが度々ペスタロッチに提示されるのであろうか。だがしかし、明らかに人がそのように彼を僅かしか知らないとするならば、なぜ彼が近代の国民学校の創設者として、あるいは社会教育学の父として値するのであろうか。巡り来た彼の誕生日と命日に際して（一八九六年、一九二七年、一九四六年、一九七七年、一九九六年）、数百の論文や十数冊の書と幾つかの博士論文、さらに二・三の大学教授資格取得〈論文〉が、なぜ生まれるのであろうか。なぜ出版と学術の領域でペスタロッチに関する出版が、際立って目立つのであろうか。

この序章では、これらの現象の手がかりを掴むことを試みる。手がかりは、一九世紀と二〇世紀におけるペスタロッチの受容やペスタロッチ研究に余り専心しないで、「知的な伝記」に専心する。すなわち、アメリカ、フランス、ヘルヴェチアの革命及び産業革命といった大規模な社会的、政治的並びに経済的な変化の時代に注目する方法によって、彼がすでに一七六〇年代に固く保持していた社会理想にこだわり、極めて政治的に関わった青年として、一人の人間の知的展開に専心することにしたい。

ペスタロッチに対する明らかに大きい関心の両義性

ペスタロッチに対する明らかに大きい関心は、二つの現象を参照にするように指示する。第一の現象は、「偉大な人物」への確固とした要求を明確に持つ教育学研究である。「偉大な人物」とは、ジャン・ジャック・ルソーやジョン・デューイ、エレン・ケイやマリア・モンテッソーリ、あるいはパウロ・フレイレでも、通例では「古典的人物」として特徴づけられる人なのである。ペスタロッチは、あらゆる点で「教育学の古典的人物」であり、多勢のなかでの一人であるだけでなく、むしろ全くの古典的人物なのである。この古典的人物の概念は、一般に今日でもなお通用する重要な思想や、問題の設定や解決へと導き戻される人物と特徴づけられるのである。今日もはや重要と認識されない人は、それゆえ「古典的人物」として特徴づけられる歴史像が求められないのである。

しかしまた、古典的人物はその人物固有の時代の「産物」ではなく、むしろ後になって初めて「作り出される」ことを意味する。古典的人物とは、後の世代がまずその固有の重要な関心事や問題やあれこれの歴史像を認識する際に、自分たちの信ずる歴史的に構想したものなのである。この歴史像の思想と作品において、何かある重要なもの、あるいは全く時代を超えたもの――まさしく「古典的なもの」――が認識されるのである。その際、一人の古典的人物の位置する価値は、もはや彼を実際に読むことすら必要でないというように、反論の余地のないほど高められるのである。ただ、古典的人物を巡る礼賛が、しばしば歴史的研究の代わりとなる。研究する代わりに崇拝され、そしてそれが多くの古典的人物の場合には数十年を超え、とりわけペスタロッチの場合にもまたそのように崇拝されているのである。かくして、固有の論証のために大きな重みを与えることが、古典的人物の権威を参照書きするだけで事足りることになる。

したがって、ペスタロッチを巡る主要な関心は、まず第一に学としての教育学の様態に向かうように指示する。学としての教育学の必要が古典的人物たちに広く求められるので、古典的人物たちは確かに引用されるが、しかし無条件に読まれるわけではない。ペスタロッチの著作においてただ一度だけ、つまりどちらかといえば重要でない書簡に現れる「頭と胸と手」という標語の広汎な引用が、そのことを示している。そして第二に、関心はまた歴史的人物そのものにも向かうように指示する。古典的人物がその生きた時代にすでに大きく注目された業績を成し遂げていないならば、後に誰も古典的人物として顕彰されることはほとんどない。ペスタロッチは、それを注目に値する多様なやり方で実行した。彼は彼の農業経営のノイホーフの施設で貧者の教育家として(一七七三年／一七七九年)有名になり、それから小説『リーンハルトとゲルトルート』(第一版第一部は一七八一年に出版された)の著者として讃えられ、その後ヘルヴェチア共和国(一七九八年／一七九九年)の初期に、政治的評論家として一部では恐れられた。最後は、教育学の「方法」の祖として、さらにブルクドルフ、ミュンヘンブーフゼー、イヴェルドンでの学園長として有名になった(一八〇〇年から一八二五年)。ペスタロッチが「今日の」問題を解決するために、現代の分析家や未来学者から今日で重要な特徴と呼ばれるものを知的で弾力的に高いレベルで解決したということは全く明らかであった。

ペーター・シュタットラーがペスタロッチ伝ですでに強調したように、ペスタロッチは驚くべき重大な人格的、財政的、思想的な危機から危うく脱出し、成功を成就した解決策を見出すことに傑出していた。彼の成功の段階――貧民教育者、小説家、政治評論家、教育学者――は、決まって大きな危機から解放された結果であったし、またしばしば新しい問題に繋がるものであった。ペスタロッチが一七七〇年代に貧民教育者になった理由は他にもあるが、彼の農業経営能力が限られていたからであった。それは、厳しい財政的問題により、そして結局は――さらに困窮な環境に促された――ノイホーフの破綻、またそれとともにペスタロッチ家の社会的な孤立に至ったのであった。『リーンハルトとゲルトルート』の第一部の後に、さらに三部（一七八三年、一七八五年、一七八七年）が続いたが、それらの成果は常により小さなものになったし、また政治評論家としても彼は極めて早くに排除された（一七九八年／一七九九年）。ただ、ペスタロッチは「方法」の教育学者としてのみ、比較的長期にわたって、実際はまただ一八一〇年までのことではあるが、確固とした賞讃を体験した。そして、イヴェルドンの学園で一八一六年から一八一七年に起こった内部抗争があからさまに噴出したとき、すでに一八一〇年に始まっていた衰退の過程は崩壊の過程に移り、そうこうするうち八年後に没落して学園は閉鎖された。一八二七年のペスタロッチの死後でさえ、公的な名声に値する出来事はなく、彼は比較的寂しく、また大きな公的関心もなく、彼の農場ノイホーフ近くの小さな町ブルックで亡くなったのである。

ペスタロッチに対する関心の根拠としての成功と失敗

ところで、ペスタロッチに対する関心は、もっぱら彼の成功に基づくのではなく、むしろ不成功にもまた基づいている。厳密に言えば、この関心は、ペスタロッチ自身が「どのように」成功と不成功とを結びつけ、また成功を前の不成功と関係づけたかということに起因している。それは、西欧世界の広範な部分で名声をもたらすこととなった一八〇〇年から一八〇一年の「方法」の樹立の時ほど明らかなものはないであろう。ペスタロッチが『方法』の多くの叙述のなかで絶えず強調したことは、彼がこの「方法」を全く自分自身で発明したのではなく、むしろ「方法」が彼を見つけだしたのかもしれないということであった。この表明は、ペスタロッチの謙虚さの表現として解釈されるが、もちろんより詳細に見れば、全くそれほど抑制したものではないことが判明する。なぜなら、ペスタロッチの確信は、まさに彼が与えられた二つの前提のもとで「方法」の「真理」を認識できたということであったからである。一つの前提は、子どもらしいナイーブな、すなわち「堕落していない」世界観である。それは、ペスタロッチにとって彼の幼少期と青年期に女性たちによって根本的に刻印され、家族の脈絡において仲介されてきたものであったし――また彼はそれを多くの他の人間たちと違った点で保つことができたのであった。他の前提は、社会的断絶と後の一七八〇年代や一七九〇年代の財政的危機の時期における彼の実存的な受難である。二つの前提の組み合わせ、すなわち一方の無堕落性つまり純粋性と他の受難の組み合わせは、少なくとも一八世紀と一九世紀の人間たちには余りにもよく知られていた伝記の典型を示している。それは、無堕落性、受難、救済というイエスの生涯の伝記的要素なのである。

ペスタロッチは、自分が神の子に相応しくないことを自明としていたが、しかし彼はイエスの生涯の三つの部分からなる伝記的主題――神の子の無邪気、（それゆえ）不当な、しかし自ら進んで十字架での受難、（それによる）人類の罪の救済――に一つの解釈を見出し、「方法」の発見に繋がるようなある意味を彼の生活と受難に付け加えた。この立場から見ると、「方法」の要求は単純にただ教授学上の小細工だけに制限されたのではなく、むしろ教育と学校とにおいて応用され――解決されるべき社会の重要な諸問題を包括する人間陶冶と解釈されたのである。

一八〇〇年の以後に、ペスタロッチが確信したのは、ヨーロッパの国民国家の政治が完全に機能していないということと、また新しい教育学の役割は市民が政治的人間として行動を起こすより前に、人々から責任感にあふれる市民を作り出すということであった。ペスタロッチの確信に従えば、国民の未来は教育学の手中に、より厳密に言えば彼によって発見された「方法」の手中にあったのである。

興味深いことは、ペスタロッチの同時代人は、たとえ極めて様々な根拠からであっても、ペスタロッチが彼の人生の意味ゆえに作り出すことのできた「方法」によって非常に広範な約束を信頼したということである。その際、ペスタロッチの著作や彼の学園への訪問に関する最大限に盛り上がった報道は、理論的論拠や実際の観察を拠り所とするものは希にしかなく、むしろほとんどいつもペスタロッチを導いた受難多き生涯に結びつけたのである。その場合、訪問者たちは、最終的にペスタロッチの並外れたカリスマ性に加えて、彼の学園での実際の学校における日常をどちらかといえば極めて肯定的に評価し、あるいは理論的な不整合を特に次のような指示によって弁護するようにとそそのかしはしなかった。すなわち、「方法」はまだ完全に発展できておらず、ただ現実の転換だけが上手くいかないのであり、一方で「方法の精神」はそのまま反論の余地がないので、方法は――ひとたび正しく発展すれば――人間全体を調和的に陶冶することができ、それによって多大な善が作り出されるであろうという指示である。

ペスタロッチに対する関心の前提としての同時代的脈絡

「方法」の約束を信じるペスタロッチの同時代人の目立って大きな覚悟は、ペスタロッチ自身の生涯の解釈と、――今日では「広報活動」によって語られるであろう――彼のカリスマ性とともに彼の世間的な自己アピールにおける並外れた手腕とに確実に関連するであろう。しかし、それはまたこの伝記的自己解釈と「方法」の約束を受け入れ、またそれを受けて積極的な反応が整った相応の脈絡を必要とした。それゆえに、多くの伝記作家が後に書いたように、ペスタロッチは彼の時代に先んじたのではなく、むしろ彼の時代の核心をまさに適切に表現したのであった。ヨーロッパは、アメリカ革命（一七七六年）と特にフランス革命（一七八九年）後、政治的観点で明らかに自信を失い、同時に個々の国家社会は著しい産業の発展によって社会構造の変動を経験していたし、また西欧世界と植民地における覇権を巡って国家的な競争に徐々に巻き込まれていた。国家統一と豊かさへの懸念がヨーロッパのすべての国を支配し、そしてそれらの諸国の多くは根源的に改変され、また改良された教育ないし学校教育によって自らの目標を達成することができると信じ始めていた。ペスタロッチは、多大なカリスマ性や彼の自伝の受難・救済・模範と、また政治的観点で目的に合った宣伝を使って、さらに途方に暮れたヨーロッパに教育が真の政治であると確信させる支援によって、一八〇〇年頃の公開の議論で「教育の転換」に大きな貢献をしたのである。

ペスタロッチと教育学研究

ペスタロッチの学校教育学、すなわち彼の「方法」の教授学的観点は、一九世紀を経過するなかで達成されなかったが、興味ぶかいことにそのことが彼の名声に不利とはならなかった。ペスタロッチの教育学ないし「方法」は、常に「ただ」学校の授業の構成と展開以上に、同じく「全体的な」人間を「調和的に」陶冶しようとした。この要求こそが、ペスタロッチ研究が彼の死後一五〇年以上にわたって絶えず取り組まれてきたことであった。すなわち、学校はこれまで成就してきたもの以上のものを、どのように行うことができるのであろうか。ペスタロッチは教育学研究にとって、学校の不完全さによって非難された(そして部分的にはいまだに非難される)学校批判の権威を示した。同様に、「能無しの」学校に関する批判は、ペスタロッチの助けを借りて行うことができるし、個々の子どもを確かに他の子どもたちと比較するけれども、自分自身や自分の進歩と関係づけない学校の成績評価への例の批判も同じように行うことができるのである。

他方、また個々の場合にはより改革的な教育学と学校の設立者という立場へとペスタロッチを様式化することが、その後二〇世紀に至るまでのペスタロッチ研究の最重要の動機と見なされうる。その際、その研究はペスタロッチを聖人の列に加えることに向けて、限界を余りにもしばしば超えたのである。特に、一九九六年――ペスタロッチ生誕二五〇年――に開催されたペスタロッチ祝賀年の前の環境では批判的な論評が述べられ、一九世紀と二〇世紀におけるペスタロッチ受容が批判的に検証された（一九九五年エルカースとオスターヴァルダー、一九九六年オスターヴァルダー）。チューリッヒ大学での一九九六年の大規模なペスタロッチ集会の結果は、事実またペスタロッチの著作とペスタロッチ受容は明確に分けなくてはならないということが述べられ、彼の著作の新しい読み方への道を開いたのである。ペスタロッチを（これ以上）彼の後の崇拝者の目を通して読むのではなく、むしろ彼の歴史的文脈を考慮して読むべきであるというような合意となったのである。一九九六年以来、ペスタロッチの著作を中心に置き、同時代人の議論や展開の文脈を前にして解釈するという関連研究が成立した。（『新ペスタロッチ研究』第五巻から一〇巻まで、トレェラー、二〇〇六年参照）。この新研究は『ペスタロッチ宛書簡集』の編集によって支えられている。この書簡集は二〇〇八年から年単位で『批判版』として出版されている（ホルラッヒェル／トレェラー、二〇〇八年以後）。新しい研究と編集がペスタロッチに対する関心の持続的な影響をどのような点で持つのか、この関心がどれだけ長く続くのかは、もちろん未来が初めて明らかにすることであろう。

第一章　一八世紀中期のチューリッヒ

――経済的・文化的繁栄および革命の策動――

一八世紀半ば、チューリッヒはさまざまな理由から極めて国際的な関心を惹く文化的・経済的に繁栄した都市であった。もちろん、特に経済的な成長に関連する社会的・政治的変化は、都市のすべての住民から同じように評価されてはいなかった。まったく反対に、一七五〇年以後その変化に対する批判の表明が始まった。なぜなら、人々は旧来の静かな生き方からの方向転換や金銭の過剰な優先、またさらには富裕層の過大な優越を恐れたからであった。人々は、社会的生活の商業化の増大を嫌ったし、批判者の見解によればそれが共和制の土台を破壊したのであった。この共和主義批判は、とりわけ多くの若いチューリッヒ市民に関心をもたらしたように思える。その結果、一七六〇年以後に当時の状況では極めて大胆な行動を引き起こした革命的な青年運動が生まれ、またそのために大きな混乱は解消された。ペスタロッチもまた、少し後の時点ではあったが、この青年運動の一員となり、そこでの中心的な役割を占めるようになった。

第一節　一八世紀の共和制チューリッヒの政治構造

ペスタロッチの政治の社会化に関する理解のためには、チューリッヒが政治的にどう組織されていたかを知ることが重要である。チューリッヒは、一七九八年のヘルヴェチア革命の勃発前まで、スイスの他の多くの地域のように、ギリシャ・ローマ時代やルネサンス期のイタリアにおいて知られているような都市国家であった。都市国家は、たいてい城壁に護られた都市の自由な市民と、都市市民よりはるかに少ない自由しか持たぬ住民が住む周辺地方で成り立っていて、また地方は特に農業生産物を都市市民に供給すると定められていた。一八世紀が過ぎる間に、特定身分による政治によって、一面では都市市民と他面では地方住民との間の自由と権利の隔たりが明らかになった。一八世紀初頭以来、属する家族がチューリッヒ市の市民権を持たなくなったことで、同居の地方住民に対する都市市民の特権はさらに増大した。一八世紀の間、家族への支配がより少なくなったため、特に商業によって資産が造り出された。その際、資財の多くが地方の家内工業で製造された。この社会状況の「寡頭政治化」は、一四世紀に起源のあるチューリッヒの同業者組合制度の思惑に対立した。歴史的な理想と現実との間の差異は、一七六〇年後半の急進的な青年運動につながる状況への批判の出発点となった。

チューリッヒの体制は貴族的な一種の民主主義、つまり貴族政治と民主主義の混合であった。貴族的民主主義の原理は、都市国家の被選挙権のある男のすべての住民ではなく、むしろ限られた数だけの都市市民において存在した。都市市民であるためには、同業者組合の会員であるか、または「コンスタフェル」(Constaffel) という特別な連盟を組織していた僅かの貴族の一門の出身でなければならなかった。民主主義の原理は、このエリートの範囲内の連盟として毎年の代表者を選挙する限りにおいて妥当したし、その際に州議会が招集され、それとともに「国会」が組織された。州議会のさらなる一部は小さな評議会によって構成されており、それはそれで同業者組合の親方たちで構成されていて、州議会とは異なりほとんど日常的に対応するはるかに多くの権限を持っていた。この選り抜きの集団の内部には、さらに対内・対外の政策上の扱いにくい要件に助言する秘密評議会もあったし、それとともに最上部には半年間で交代する評議会で選出された市長が二人いた。

この交代する二人の市長を設けていることは、とりわけ共和制としてのチューリッヒが自明であることをはっきり示している。大体に「共和制」という概念は国の形態を述べ、その国で市民が「自由である」と自認し、法律を彼ら自身が出すことができることを意味している。そのような「自由国家」は、多くが王を締め出し、とりわけさらに無能力な人間と、無選出の独裁権力を保持する世襲の君主政治を締め出すのである。世襲君主政治の厳格な拒絶は、人間は常に様々な権力へと陥る傾向があるということ、強大な権力が公共福祉のために投入されないで、むしろ権力そのもののために乱用され、またその際に国民を搾取することに相当するということ、「堕落した」と見なされる振る舞いをなすという考えに導かれていた。この意味で、堕落するかもしれず、また堕落した権力的人間は、古代から「暴君」と見なされている。暴君の対立像は、自由市民、公民(Cityoen)である。この市民や公民は、ある意味で全体的な人間であり、職業人として彼らの家族の生計の面倒を見るし、政治家として公共福祉のための公平な法律を、また軍人として彼らの祖国の防衛を心がける。この典型的なものは、古代における共和国の自由な市民の概念に遡り、市民の政治的・軍事的な美徳が決定的な役割を演じるので、政治的・軍事的義務の執行で彼ら自身の家族やその幸せを考えすぎるのを防がなければならないのである。最高の権力を担う者の富裕さが制限された二人の市長職において明らかであるだけでなく、州議会における選挙の日に同業者組合・選挙民が「最も勇敢で最良の者」を選ぶために資格があると証明された市民であるという誓約を祖国にしなければならなかったという点で、チューリッヒは共和制と解されていた。それとともに、また共和制は有名な家族の出身であるからとか、大金を持っているからではなく、祖国のために本当に権力を与えるに値する多大な保証に基づいて人間が選ばれるべきであるとする功績主義でもあった。古典的な有徳の共和主義には、大金や贅沢は利己主義や政治的・道徳的堕落を言い表す言葉なのである。

第二節　一七五〇年頃のチューリッヒにおける社会生活の商業化

一八世紀におけるチューリッヒの状態は、一面では物的発展であったし、他の面ではチューリッヒの平穏無事な日々であった。社会生活の固定化された寡頭政治化は、多様な意味で共和体制の理念に矛盾していた。例えば、一七世紀の半ばから市長がもはや卓越した手工業者ではなく、むしろたいていは同業者組合のなかで早く出世できた豊かな商人や、あるいは有力な家系の子孫であったということがそれを示している。また、これらの関連で決定的であったのは、一八世紀初頭での法律の変更であった。それまでは、同業者組合のなかで父親の長男だけが後継者となることができるとなっていたが、この限定がもはや廃止された。その時から、家族の先祖伝来の職業との関わり合いがなくても、自由に同業者組合を選ぶことが可能となった。有力な家族は、そのために何人かの息子を、政治的経歴をあてにして他の同業者組合に送り、それによって家族の力をより一層強化することができた。

いくつかの新しい法律――地方民に比べて都市市民の多大な優遇、新しい家族の市民権取得の廃止、都市市民のための自由な同業者組合選挙――が市の寡頭政治化を助長しただけでなく、安定した長期間の人口増加とチューリッヒの「産業」（特に紡績製品や織物の生産と取引）の継続的な発展を助長した。なぜなら、地方での人手によって広範囲に普及した家内工業で生産された原料は、一七五〇年頃もまだ都市の「工場主」の投資需要が僅かであったからである。関税や租税の制度と同様に、より大きな危機から免れた発展は、一七五〇年頃たくさんの金を持っていた各々の家族だけでなく都市をも発展に導いた。一八世紀に外見で最も金のかかる生活様式――ベルサイユが至る所で模倣された手本であった――を維持していた君主制をとる諸外国の財政の逼迫とは対照的に、都市チューリッヒの豊かさは存続し、また最後まで常備の職業軍人のために必要で高額な金を増額させることはなかった。外国の資本を求めての多くの需要と都市の十分な現金は、市の参事会を資本輸出に関して思案させた。一七五四年、ヨハン・ヤコブ・ロイという者が長であった「金利払いに関する管理委員会」が設置され、今日のロイ・

チューリッヒ銀行はそれに遡る。この金利委員会は、第一に、別の都市会計から、そして後にはまた個人資金からも、三から三・五パーセントの金利を受け取っていた。この資金は、その目的とともに、より高い利子をもたらすため、諸外国の国債へ投資されたが、中央及び南アメリカの通商会社と植民地農業の債権としても存続した。この成果は早く現れ、また大きかったので、極めて短期間にチューリッヒで同じ範例に従って経営する六つの私立銀行が生まれた。

この国家の主導する資金委託によって、幾つかの重要な新しいことが結び付けられた。一七五〇年以前の信用委託は、当初はまさしく政治的利益や宗教的な利益に集中していた。中心には政治的・宗教的に「危険にさらされた」村々や、それどころかチューリッヒ周辺の農家があった。その村々や農家は、カトリック教会によってまるめ込まれており、そして債権依存や宗教改革の信仰を変えることで是認された。僅かな貸し付けが大きな国家を存続させたし、フランスの場合ではスイスのカトリックの州が助成したので、控えめに見えた。この制度は領主や公共団体、あるいは私人への直接的な貸し付けを狙い、個人的な接触には左右されなかったし、それは一種の「個人の」商売であった。この特性は、金利委員会の設置とともに決定的に変わった。公債の個人ではない制度の時代が始まったのであった。資金委託における政治的・宗教的な次元は内部から崩れたと同然で背後に押しやられ、政治的・思想的な立場に関わらず提供することが可能であると信用できる限りは、多かれ少なかれ任意の利益が考慮された。この変化した実施から、以前の政治的理由から控えめであった人々に比べて、特に諸州が利益を得た。ただ当てにされたのは、債権者の推定の支払い能力とともに、期待される利子利益であった。それによって、貨幣制度はチューリッヒ共和制の道徳的・政治的な桎梏から自由になり、「資本主義的」となったのであった。

この公の政治の商業化と、またさらに私立の銀行の動きは、社会的・文化的な生活において並行していた。とりわけ、変化は量的な増加と美的な新しい方向付けを含んだ活発な建築の仕事のなかに明確に現れた。最も特徴的な例は、政治的にとても影響力の大きく、また資本力のある一七五一年の「マイセンの同業者組合」の新しい集会所を建てるための決定とともに生じた。その際、建築家は伝統的で比較的無名の地方の伝統から外れて簡素な建築物を思い切って放棄し、その代わりにオーストリアやフランスの建築様式の影響のもとに、ロココ様式のフランス的な翼部建築を建造した。それは、たとえチューリッヒには異様でよそよそしい刺激を与えたとしても、建物の正面を独特なオーストリア的でボヘミア風に設計した。建築物が惹起した世間の懐疑や憤慨にもかかわらず、翌年には個人のためにも豪華な建物が引き続き建造された。チューリッヒの生活の商業化は顕著であったし、それとともに批判的になったが、その主要なキーワードは「贅沢」であり、それは古代から柔弱や女々しさと並んで激情とに結びつけられた言葉であり、――政治的・軍事的な美徳の男らしい理想には正反対の対立するものであった。

第三節　堕落と零落に対する戦い

一八世紀における社会的生活の商業化は、市の利益社会の寡頭政治化とともに平行して進んだが、この二つは――有徳な共和制理念の擁護者の眼には――必然的にどうしても結び付けられて理解されていた。両方の現象は自由な共和制チューリッヒの理念的・歴史的基盤からの隔たりの表れと思われたし、腐敗した情実の発生と愛国心のない利己的な資本家の支配の繁栄という、自由国家の没落の確かな印と思われていた。チューリッヒは、危機のなかで多様な反発や批判を解消し、自由で誇るに足る勤勉な共和国としてうまくいっていたように見えた。

チューリッヒにおける発展に関する批判は、歴史的に理想化された力強い動きを支えていた。批判者の目には、変化はかつての偉大で強く高潔な以前の時代の没落として見られたし、一四世紀における自由のための戦いの英雄、すなわち祖国の自由に対して彼らの生命を無私と友愛に任じた「先祖」への裏切りとして見られた。この祖先の同盟の英雄時代への追憶は、チューリッヒ・アカデミーで教鞭をとっていた歴史家ヨハン・ヤーコプ・ボートマー（一六九八年～一七八三年）に由来しており、その周辺ではすでに述べた青年運動が当然組織された。ボートマーはヨーロッパで傑出した名声を享受していたが、それは彼の正確な詩に関する学説よりも、むしろ確かに数少ない彼の歴史書に負っていた。この声望は一七四〇年に彼の友人で同僚のヨハン・ヤーコプ・ブライティンガー（一七〇一年～一七七六年）とともに、ヨハン・クリストフ・ゴットシェート（一七〇〇年～一七六六年）に対して公然と行われた文学論争の大きな波のなかで勝ち取ったものであった。詩人で画家のザロモン・ゲスナー（一七三〇年～一七八八年）、あるいは農業改革の著作家で都市医者のヨハン・カスパル・ヒルツェル（一七二五年～一八〇三年）のような、さらに有名な著述家と芸術的創造とともに、チューリッヒは文化的・美的なヨーロッパのメッカになっていた。すなわち、エーヴァルト・クリスティアン・フォン・クライストや、多少遅れてヨハン・ゲオルク・フィヒテ、またはクリストフ・メイナースが「北のアテネ」と信じたように、フリードリッヒ・ゴットリープ・クロプシュトックやクリストフ・マルティン・ヴィーラントがちょうど同じようにチューリッヒへと向かったのであった。

ボートマーの政治的な歴史理解は、一四世紀におけるスイスの自由のための戦いへの強い信条を前提としていたが、それは英雄的であると意味づけられた昔と、さらに現代を没落の内に進行しつつあると解釈することとの歴史的「比較」へと導いた。当時の市民の同盟者の理想は、自由と祖国に対する愛から無私に満ちたものであったが、まったく失われていないとしても彼には一八世紀の多くの他のスイス人もまた危険にさらされたものと見えた。ボートマーはチューリッヒのアカデミーで教授としての地位を利用して、彼の学生たちとともにモンテスキューの『法の精神』(一七四八年)を読んでいたが、そこには贅沢と富が絶えず共和国をどのように衰弱させ、没落に晒すかということが書かれていた。彼の学生たちの父親世代はすでに堕落していると、つまり金と名声のための激情に晒されていると解釈されたので、ボートマーはいつか都市国家チューリッヒの政治的官職のなかに新たな共和制的な輝きをもたらすべく、新しい世代を共和制の英雄に近づけることに着手したのであった。

彼は最も才能のある何人かの学生たち——すべて一七歳から二二歳の間——を集めて、研究のほかに彼の家で彼らとともに古代や近代の政治的に主要な作品とスイスの歴史を読んで討論した。若者たちは、ボートマーの裁定においてチューリッヒが内的解体の寸前の時であることを確証したのであった。ボートマー自身は、学生たちに読まれた中世の英雄についての戯曲を書き始めていた。一七六二年の『正義の共同宣誓』といった戯曲を公刊したことが最盛期であったが、それは一八世紀ドイツ語最初のウィリアム・テルの戯曲であり、そのなかでは特に暴君ゲスラーの残虐さが明らかにされており、ウィリアム・テルによる暴君殺害の正当化に繋がっている。若い学生たちは、ボートマーとの読書と古代の偉大な自由の英雄や一四世紀におけるスイスの自由のための戦いに関する他の著作によって感激を強め、自分自身を「愛国者」、「スパルタの息子」と自称し始めた。彼らは共和的な不屈さのなかで、都市チューリッヒにおける不条理や不公正と戦い、個人の運命は構わずに、市をそれ以上の没落から守ることを決心したのであった。彼らは、父を超えた存在であるボートマーがいなくてもまた様々に、一部では秘密の青年サークルに集まり、諸々の計画を考え出し、彼らの年齢では法律により許されなかった政策に積極的に介入しようと考えた。一七六二年頃、都市チューリッヒの情勢に関する共和的批判が実際的に移される時が来たが、それは学生たちの急進さからまさに「改革」の限界のなかの「革命」と見なされたのであった。

第二章　ペスタロッチの青年期
――共和制の革命家――

ペスタロッチの青年時代は、都市チューリッヒの好ましくない情況に対する反抗と解される青年運動の真只中に当たっていた。その好ましくない情況は、都市生活の急速な退廃と見られていたし、利益社会の生活に深く囚われていた商業化が回復されるべきなのであった。贅沢、情実、汚職、そして愛国心の衰弱が裁断され、不断の公共善を志向する市民の理念が相応に賞讃された。青年たちは、英雄的な行動によって都市を退廃から救うために、自らを形成しようと望んだ。理想の模範は、有徳の無私の強い共和国の市民、スパルタの市民であった。ペスタロッチは一七六四年、一八歳の時に青年運動に加わったが、その時点では青年運動の最初の重要な人物はもはや活動的でなく、また組織はより大きな運動に行き詰まっていた。この危機的状況のなかで、ペスタロッチは大胆な行為と熱烈な発表論文によって自らを目立たせ、急速に急進的な「愛国者団員」となった。彼は、都市チューリッヒの有名な家系の娘であったアンナ・シュルテスと恋愛関係になった。二人の結婚式は一七六九年に行われたが、ペスタロッチが急進的な愛国者で研究を中断した学生として体制側から全く無視されていたので、もちろんアンナの両親は式に出なかったのである。

第一節　一七六〇年以降のチューリッヒにおける青年運動

共和主義的な不満は、チューリッヒの政治的および社会的な現存の分析から帰結していた。それは、商業によって引き起こされたかつて示された共和制チューリッヒの崩壊として理解され、クセノフォンからモンテスキューまでの関連文献による徹底した知的作業を切り離したものではなく、むしろ若干の者、とりわけ共和主義的な志向のある学生たちがそのために集まった秘密ないし半ば秘密のサークルにおいて吐露したものであった。そのなかで、彼らの行動によって都市チューリッヒが没落から守られるべきであるということが議論された。彼らは、恐れを知らない不屈の高潔な市民の理想から、市の最悪の弊害を暴くことによって市が回復されるであろうという期待のなかで、彼ら自身が絶対的にそのための使命を受けていると信じていた。堕落した権力所有者にあてはまる具体的な事例を共和国から取り除くということを、人々が十分経験的に知っていると信じたのである。

一八世紀が経過するなかで、都市国家の政治行政の特別な人物による権力濫用、情実、汚職について語られうるということは、チューリッヒの都会社会の明らかな寡頭政治化があったからなのである。この事実は、当時すでに多かれ少なかれよく知られたことであったが、しかしその間に僅かな家系に還元されるしかない権力構造の制度は、官吏に釈明を求めることを著しく不可能にした。まさに、この情実的な「堕落した」権力の担い手たちは、今や若い「スパルタの息子」の活動にねらいを定め、――市民の資格がまだない若い人間の大胆な戦略を政治検閲の時代のなかで違反として公然と非難したのであった。

同様に、堕落した公務執行の世間的暴露の最初の事例は、チューリッヒにおける公的生活の実質的な妨害のなかで終わった。二人の若い神学者がそれに関与したが、後に二人とも非常に有名になった。すなわち、後に画家となるヨハン・ハインリッヒ・フュースリ（一七四一年～一八二五年）であり、彼はロンドンでヘンリー・フーセリという名で芸術界を動かしたし、また後のチューリッヒの司祭ヨハン・カスパル・ラファーター（一七四一年～一八〇一年）であって、彼の『人相学の断片』（一七七五年～一七七八年）によってヨーロッパの広い地域で注意を独占した。二人とも一七六二年の夏に、都市チューリッヒを支配した二人の市長の娘婿であったフェリックス・グレベル（一七一四年～一七八七年）という名の知事の、搾取と恐喝の公務執行の償いを促すことが書かれた匿名の手紙を送られた。ラファーターとフュースリは、数年経つなかで容疑をかけられた知事として反応することを強いていると感じなかったが、公的訴えの手段を取った。もちろん、これはただ誤りに陥った知事に向けられたのではなく、むしろ――支配的検閲に対して非常に大胆に――知事に長く擁護されていた都市チューリッヒの政治的エリートにも向けられていた。一七六二年一二月、夜の闇のなかで、政治的エリートに配る匿名のパンフレット『不当な知事――もしくは不当な支配についての愛国者の嘆き』が発行された。暴君の概念が、そのなかで暴君殺害者ブルータスが誓ったと同じように言及されていた。

活動は、市を混乱させた。グレベルは外国への逃避によって刑事追訴を取り消すことができたが、しかし少なくともグレベルの堕落が調査された。匿名の著者たちは、当局に届け出る際に自ら公にすることが求められ、不屈にもまた十分に実行したのであった。彼らは、極めて影響力のある家系の息子たちとして、同様に比較的軽い罰を当てにすることができた。彼らは行政から厳しい叱責を受け、また――興奮をできるだけ早く鎮めるために――一年間の「教養を広める旅」に出発させられた。フュースリはこの旅からチューリッヒへはもはや戻らず、むしろ遠くロンドンまで旅し、そこで彼は成功した芸術上の経歴を開始した。古きスイスの自由の歴史、特にリュトリの誓約の彼の絵画は、今日もなおスイス建国時の英雄的な尊崇の典型と見なされている。一七六三年一月に二人の「犯行者」が素早く旅立ったにもかかわらず、彼らの影響は相当なものであった。すなわち、他の少し若い「愛国者団」のサークルのなかで、二人は依然として都市チューリッヒを堕落したとみなした共和主義革命の明々白々な英雄になった。彼らは、とりわけ一七六二年一月に設立された一七歳から二〇歳の若い神学者たちの結社の「道徳・政治・歴史協会」というサークルのなかで尊敬されていた。この結社は、同じくチューリッヒ・アカデミーの歴史教授ヨハン・ヤーコプ・ボートマー（一六九八年～一七八三年）の周辺で、関連の政治が論じられ、また都市チューリッヒの道徳的・政治的改革に関する歴史的研究に貢献しようとしていた。ヨハン・ハインリッヒ・ペスタロッチも設立から約二年の一七六四年夏に結社に加わることになったが、結社は一七六四年一二月二四日にはすでに解散した。

第二節　ペスタロッチの急進的共和主義

ヨハン・ハインリッヒ・ペスタロッチは、学問的な研究をしていないが、程々に成功していた開業外科医のヨハン・パプティスト・ペスタロッチ（一七一八年〜一七五一年）と彼の妻スザンナ・ペスタロッチ・ホッツ（一七二〇年〜一七九六年）の三番目の子どもとして一七四六年一月一二日に生まれた。市民権を持つペスタロッチ家の地位は、都市チューリッヒの社会構造ではそれほど高くなかったし、またホッツ家が――地方で――まったく高い地位を占めていたとしても、権利を認められていない地方の生まれであるスザンナ・ホッツとヨハン・パブディストの一七四二年の結婚によって、むしろ低下した。一七五一年、世帯主の僅か三三歳の早い死は、都市での社会生活を構えるのを困難にした。そのため、自由に使える金銭上の資力は余りに少なく、質素な暮らしむきであった。それゆえ、ペスタロッチは恵まれた市民の家族環境に置かれた子どもと比べて、むしろ貧しい境遇のなかで成長した。そのなかで、倹約は言葉の上の美徳であるばかりでなく、むしろ必然的に日常で生かされていた。ペスタロッチ家は、チューリッヒが二〇年ないし三〇年かけて経験した一般的な経済的・文化的な向上から、ほとんど恩恵を得ることができなかったし、またかつて存在した貧困に陥っていなかったとしても、社会的生活の寡頭政治化の過程における「他の側面に」相応していた。

ペスタロッチの「学歴」は長続きしない結果となったが、しかしそれにもかかわらず続けられて実り豊かな結果となった。彼の必須の学校時代の終わりは、堅信礼とともに終わった。彼はチューリッヒ・アカデミーでの勉学を一七六三年春に始めたが、まさにこの時期に堕落した知事グレベルの外国へ逃げるような旅立ちによって、若い神学者たちの共和制支持の扇動は最初の頂点に達していた。すでに革命の用意ができた神学者たちの最初の「世代」に影響が表れ、歴史の教授ヨハン・ヤーコプ・ボートマーのもとでの歴史研究によって明らかに心を捉えられた若い学生は、急進的な団体、特に一七六二年一月に創立された「道徳・政治・歴史協会」と緊密になっていった。

一七六四年八月、ペスタロッチは数ヶ月後に試問のための聴衆の立場で正式な一員となるのを許された。試問は、任意に選ばれたテーマに対する演説で成り立っており、会員たちから批判的に審査されて最終的に受け入れるか拒否するかが決定された。ペスタロッチのプレゼンテーションは、はるか古代人でもまだなお誇るに値した「スパルタ王アギスへの賛辞」であった。それは、飽きることなく公共福祉に身命を捧げたが、戦争に伴う不在の間に悪賢い堕落した暴君によって退位させられた高潔な模範となるスパルタ王アギスの悲劇的な伝記が扱われていた。ペスタロッチは、都市アテネの没落についてのデモステネスの演説との巧みな比較によって、直接言及しなくてもチューリッヒにおける青年運動との類似や堕落していると見なされている都市の状態を描くことに成功した。物語は、勇敢で自由を愛するスパルタ市民によってスパルタへのアギスの大成功の帰還が可能となり、死刑を科せられた彼の敵対者を広い心で恩赦して終わっている。しかし、その後に失脚した暴君が人の忠告を聞かない者として現れ、彼の側がアギスを殺害する。物語の道徳は、まさしく明白である。すなわち、暴君は公共福祉の名においてさえも、殺害されるべきであるとされてよいのである。

この演説で、ペスタロッチは「道徳・政治・歴史協会」に問題なく受け入れられた。協会は、同時代の青年運動の急進的な中心部での「経歴」の土台となったが、そこから継続する状態の根本的変革という特定の目的に合わせた行為を準備するために、一七六四年一二月の協会の解散の後に一部が「地下に」潜る状態となった。長引く改革から、若々しい熱血漢たちが掴んだものは僅かだった。世間への反響の機会は多くあったが、チューリッヒ政府はみるみるうちに当初の、むしろ理解のある態度を捨て始めた。一七六六年から六七年冬には多くの難事が生じた。例えば、社会的に権利を十分認められていない家族の息子——父は市のトランペット奏者だった——がより多くの権限を要求するのに、州議会の会員たちに対して貴族的な小議会を援助するためにジュネーブに軍人を派遣するというチューリッヒ政府の決定をパンフレットで批判した。パンフレットの著者は、逃げるように市を離れなければならなかったし、三〇年後にやっと戻ることができた。文書の首謀者であるという疑いを最初にかけられたペスタロッチは、尋問されたどころか三日間拘留された。後に、死刑執行人に対する「中傷文」が公然と燃やされたということで、彼は逃亡幇助のために薪代三クラスターを支払わなければならなかった。青年運動は、政府の断固とした介入によって少なくとも表面上は終末を見たが、その際に若者たちは明らかにまた祖国の政治的救済とは別のテーマについて、つまり家庭を作ることと職業選択の問題について関わっていた。

第三節　共和制を支持する仲間たちと職業選択

一七六二年から一七六七年までの公然とした顕著な青年運動の五年間に、大学での勉学が途切れたペスタロッチを除いたすべての若い神学者たちは勉学を終えた。その間に、すべてが二〇歳を超え、そして重要な職業上の、また家庭の事に関する決断を前にしていた。一七六四年、「教養を広める旅」から戻ったヨハン・カスパル・ラファーターはすでに一七六五年に身分相応の結婚をしたが、他の者たちも婚約するか、または少なくとも家庭を作るという問題に関わっていた。家庭の基盤の前提は、家族を経済的に保護するという使命であった。

若い急進的な愛国者にとって、自分の仕事を決めることがいかに難しいかは、ペスタロッチの友人の一人であったヨハネス・シュルテス(一七四四年～一八三〇年)自身が示している。ヨハネスは、とても成功した商人の息子として父親の商売を受け継ぐ予定になっていた。都市チューリッヒの没落の原因が商業にあると認識していた急進的な共和主義者にとって、自分自身が商人になるという決定は、自分自身が堕落し、市のそれ以上の没落に寄与する運命と同じ意味であった。苦悩の内で、若いシュルテス(一七六五年)は、若い愛国者たちのサークルのなかで高い人望を受けていたジャン・ジャック・ルソー(一七一二年～一七七八年)のいるトラベールの谷へ旅に出た。ルソーの勧告は分かりやすく、しかし急進的であった。彼の分析に従えば、商業は人間だけでなく、学問の世界も堕落させた。助言できる唯一のことは、堕落した都市から遠く去って土地の一部を買い、農民となって控えめなやり方と徳の力に基づいて祖国の繁栄に献身することである。若いチューリッヒ市民は、この勧告の理想像を一七六二年に出版された長編小説『エミール』の第五巻の最終節からよく知っていた。そこでは、ソフィーとエミールが農業基盤を拠り所として社会改革に転じているのである。

農業生活の仕方に関するルソーの意見は、一八世紀の中期から農業が経済的に多く関与しているという意識に人々をいつも強く引き寄せている限りでは、受け入れられないことはなかった。農業経営は経済の保障されない基盤があったことが認識されていたし、相応の改革によって大いに国家の富に貢献できることが認識されていた。ふさわしい数多くの模範的経営が組織され、理論（重農主義、農学）が展開され、特に農民を動かすためにまた実際に技術的な革新に組み替えることも試みられた。農業生産の上昇は祖国の経済の強化と思われ、それゆえすべての者がまた農民の役に立つべきであったので、この農業改革運動の代表的人物は研究において不当にも「経済的愛国者」と見なされた。

ルソーの提案の急進性は、それほど彼の農業生活の重視にあったのではなく、むしろ特権のより少ない地方住民とのつながりを絶った都市市民の息子たちが自分自身で生活を営むべきであったという状況にあって、特にチューリッヒの共和制において――例えばベルンと違って――農業よりも商業のために伝統的で極めて狭い関係が存在したということにあった。ルソーによって燃え上がった、自然のなかで簡素で高潔な生活を営むことができるという具体的な観念は、若い急進的なチューリッヒ人を感激させたが、ただペスタロッチだけが、その計画をまた実際に移したのであった。彼は、ブルクドルフ近くのキルヒベルクのベルン風の模範農場で農業経営の見習いを、すでに十分訓練されたと自分で感じたので、自分自身の農場経営のための土地をチューリッヒ近辺でさがすために、確かに余りにも早く打ち切ったのであった。このむしろ急ぎすぎる行動の主な理由は、とてもよい境遇で裕福なチューリッヒ市民の家庭出身の女性アンナ・シュルテス（一七三八年〜一八一五年）――すでに言及したヨハネス・シュルテスの遠い親類にあたる――との恋愛関係にあった。彼女の側では、将来の婿としてペスタロッチの考えにごく僅かな好意しか認めていなかった。彼のアンナへの求婚は障害があったが、しかしそれでも成功したのであった。彼は、彼自身の不完全さと彼の愛を率直に書いた部分的に心打つ手紙によって、しかし同時に彼が妻よりも前に祖国への無条件の献身に絶対の優先を与えることを約束し、一七六七年にアンナの愛を獲得したのであった。

引用

一七六七年七月初め、アンナ・シュルテスへの彼の「改まった」手紙のなかで、ペスタロッチはとりわけ次のように書いた。「結婚生活に関して、私は私の愛する妻に対する義務を、私の祖国に対する義務に従属すると考えていることを、私はあなたに言わなければなりません。そして、私が情愛のこもった夫となるけれども、まさに私の市民の義務の実現に関して、そのために絶えず何が起ころうともやはり私の義務を持ち続けるし、私の妻の涙に対しても頑として寄せつけないでしょう。」（ペスタロッチ書簡集、第一巻、二九頁）。

このような一節は、ペスタロッチの厳格な態度を表しており、それは受取人に大きな共鳴と賛同を喚起させた。大胆で若く都会の境遇の枠内で権利を十分に認められておらず、また彼女の八歳年下の共和主義者への誇りは、余りにも明らかな別離の苦境のみが理解されるなかで二年を超えて継続した往復書簡において、不利な愛の結末を変えた。一七六九年九月三〇日、後のノイホーフ農場から遠くないゲーベンストルフ部落で、立腹して少なくとも都市チューリッヒでの結婚を妨害することに成功していたアンナの両親の立ち合いはなかったが、二人は結婚を認められた。

間もなく、ペスタロッチがビル村の近くに購入できた土地の一部で、ノイホーフの建設が始まった。建物は、確かに高級ではなかったが、それでもやはり近辺の通常の農家と異なっていた。さらに、一七七一年の春に二人がノイホーフに住まいする前の一七七〇年八月一四日に、家族の唯一の子どもハンス-ヤーコプ(一七七〇年〜一八〇一年)が生まれたが、癲癇発病のために比較的短い人生であることが知らされなければならない立場にあった。

第三章　農業、初期の産業とキリスト教的共和制

一七六〇年代早々のチューリッヒにおけるペスタロッチの政治の社会化は根本的に反商業の特徴を有し、またその時代のすべての「青年運動」は貨幣経済によって堕落した都市の時代ではただ地方での「穏やかな」農民の生活が高潔な生活を保障するという確信をもたらした。つまり、ペスタロッチは、チューリッヒの彼の政治上の同志や友人たちから遠ざかり、すでに修業期間において経験を積んでいた農業に、ただ一人思い切って第一歩を踏み出した。特に、彼は厳しい反商業の思想から離れ始め、また一部の貧しい農民のための好機を初期の産業のなかに認め始めていた。確かに、新しい経済関係の関わりのためには、彼らが最低限度の教育を必要とするであろうと思えたし、さらに経済政策上の自由化が前提とされた。この思想の新しい方向付けをふまえて、ペスタロッチは一七七〇年代半ばに彼の農場ノイホーフの厳しい財政上

の問題に応じて、近辺の貧しい家庭の子どもたちを受け入れ、自由意志に基づいた一種の労働及び貧困者の児童教育施設を設立することができた。それは、経営上の理由で、一七七〇年代終わりに失敗した。その危機的状況のなかから、ペスタロッチは著作家としての生活を始め、すでに一七八一年にはキリスト教的・教父的共和制の代弁者として彼を際立たせた長編小説『リーンハルトとゲルトルート』で最初の大きな成功を享受することができた。

第一節　古典的な有徳の共和制と初期産業の可能性――ノイホーフ――

ペスタロッチは、一七六七年から六八年にブルクドルフの近くのキルヒベルクにおいて、「経済的愛国者」で都市ベルン出身の聖堂書記ヨハン・ルドルフ・チッフェリー（一七一六年～一七八〇年）のもとで農業の見習修行を済ました。彼の師匠との農業や議論の経験は、ペスタロッチの革命的な調子であった共和主義を急速に相対化させた。そのことで、彼のチューリッヒの青年運動の友人たちや、特に恋人アンナ・シュルテスとの葛藤――まず彼を「パリの道徳」、嘘つきと責めた――が起こらなくはなかった。それに加えて、ペスタロッチの贅沢に対する立場が変わり始めた。というのは彼は農民の家庭が刺繍のような贅沢品の生産によって経済的な基盤を確実にすることができると気付いたからであった。それとともに、家族の「家計」(oikos)の自給自足が言及された有徳な共和主義の基本的原理は、その時からずっとペスタロッチの政治理想主義の中心に引き寄せられたのであった。

有徳な共和主義の理想は、「公民」(Citoyen)の意味での市民である。家の父、政治家、そして軍人としての役割を可能な限り善良に果たすためには、十分な経済的独立性を必要とする。一八世紀半ば以後の農民の生活は、多くの農民の家族のために少しも生存の保障を提供しなかったので、ペスタロッチはますますスイスにおいて特に地方の家内工業として発達した初期の産業に家庭の経済的保障のための支えを認識し始めたのであった。しかし、そのために彼は、彼の青年時代の友人たちから自分を分かつことになった強い反商業主義を捨てなければならなかっただけでなく、むしろまた最終的には集約的な農業生産に基づく国民経済の構想が最も拡大した「経済的愛国者たち」との乖離へと向かわねばならなかった。

世帯の経済的保護についての問題は、一七七〇年代初期に全ヨーロッパにおける破滅的な気象状況が多くの農民に最低の生活状況と、そしてまた共同責任のあることをもたらした時に先鋭化した。すなわち、ペスタロッチの農場ノイホーフの経営もひどい苦境に陥った。多くの私的な結社が至る所で、どのように地方の貧困を防げるか、とりわけ貧しい家庭の子どもたちをいかに取り扱うべきかという方法や手段を宣伝した。とりわけ、ベルンとチューリッヒの二つの地域では、「経済的愛国者たち」が多種多様なやり方で携わった。彼らは、農村住民が改良した農業の栽培方法について、施肥や鋤の扱い方をどのようにするのかといった話題についての「指導」を無償提供によって教えることや、あるいはどの植物が概して食べ物として利用され得るかを民衆向けの小冊子で示すといった試みをすでに数年間も強化していた。別の「愛国者団」は、わずかな狭い土地との効率的な関わりについての著作物を公表したり、収穫を脅かすコフキコガネやスズメとの戦いのために農夫を動機付けたり、学校給食やスイスに新しく導入されたジャガイモの栽培やジャガイモパンの製造を農夫が望むようになるのを呼びかけたのであった。

ペスタロッチは、明らかに他の道を探していた。彼は、すでに一七七〇年代の早い時期から、農業経営を補完するために初期の産業生産――とりわけ織物――に着手していた。また、法外な財務上の負債と大変な不作に直面して、次第に機織り工場での大人の労働者をより安い労働力、つまり子どもたちに交替させることを強いられたことに気付いた。彼は貧しい家庭に、彼らが初期の産業製品の生産に定時間協力するならば、彼らの子どもたちが自分の労働によって自分の食費を補うことができるように、良い訓練が受けられるであろうという約束を提示した。

貧困にある有能な農家の何人かの人々が、彼らのそうした背後の事情のために子どもたちをノイホーフに送った。この事業は、さしあたり外部では好意的に見なされた。ペスタロッチは、何度か施しの無心状を送り、また彼の「博愛の」仕事を公にして支援のための資金を私人から、しかし一部はベルンから、またノイホーフの土地にある資金を得たのであった。数年後、ペスタロッチの約束にもかかわらず、事業の経済的保証の望みが持てなくなったとき、ノイホーフへの公的な支援が著しく減ったことから一七九九年に破産したのであった。ペスタロッチの舅、ハンス・ヤーコプ・シュルテス（一七一一年〜一七八九年）は、ペスタロッチが以後に他の収入の可能性を探すという条件でも、すべての借金を弁済しなかったのであった。

第二節　初期の産業を加えての農業か、産業なしの農業か

一七七〇年代半ば、ペスタロッチのノイホーフの施設は、彼の呼びかけや報告によってよく知られるようになった。彼は、田舎での貧民教育の基盤と方策に関する公開討論に巻き込まれたが、その直後に真摯に取り組む改革者の立場に至った。彼の「相手」は最も著名なベルンの「経済的愛国者」であった都市貴族のニクラウス・エマヌエル・フォン・チャルナー（一七二七

年～一七九四年）であり、彼はペスタロッチがノイホーフを購入したちょうどその時（一七六九年から七〇年）に四キロ離れたシェンケンベルクの管理局に代官長として居住していた（一七六七年～一七七三年）。チャルナーの農学者としての抜群の評判は広く行き渡っていた。チャルナーは、ペスタロッチにとってもまたスイスの改革運動の大変重要な代表人物であるバーゼル市の書記イザーク・イーゼリン（一七二八年～一七八二年）の新しい定期刊行物『エフェメリデン』の第一号のために、田舎の貧しい子どもたちの教育について書くことを頼まれたのであった。

チャルナーのこのテーマに関する省察は、一七七六年と一七七七年に、つまり厳密な時期はペスタロッチがノイホーフに労働と貧困者のための教育施設を設立した時に、一七の書簡の形式で『エフェメリデン』の違う号のなかに現れた。それらの書簡は、確かに（社会的）教育的に筋の通った構想を示すものでもなく、ベルンの政治的・社会的構造についての何らかの疑念を述べているものでもない。それどころか、内容は時々繰り返され、そのうえ時には矛盾し、また特別な利害があることから、つまりチャルナーはペスタロッチの貧民施設を知って財政上の支援をしたが、――一七の書簡のなかで一度もそのことを言及しなかった。チャルナーは二様の教育的な構想を代表していて、その構想は普遍的に身分を越えて広がるべき人間の道徳的陶冶と、身分によらなければならない、つまり職業を目指して準備しなければならない身体的陶治に分かれている。教育の目的は、各人が自分の境遇の立場から納得し得るであろうことを前提とした各人の（すでに誕生の際に与えられた）境遇において、幸せになることである。チャルナーは、彼の博愛主義の生涯の仕事を実現し、またすべての子どもが感謝と謙虚さをもって応じる、裕福な寄付者と国に支えられた制度を組織的に計画していたのである。

一七七六年一一月にチャルナーの一二番目の書簡が出たとき、ペスタロッチは彼の昔の隣人への私的な書簡という形式で応じた。そのなかで、彼はノイホーフの貧しい子どもたちの教育に伴う交流のなかで、寄付者たちや国の保護や謙虚で感謝している子どもたちを証明したのは僅かであったという実際的な経験を持ち出した。ペスタロッチの「反対の叙述」へのチャルナーの直接的反応は確かに伝えられないが、しかしこのペスタロッチの論述は発行者のバーゼルのイザーク・イーゼリンに送られたし、イーゼリンは彼の立場でペスタロッチの書簡を同じく彼の『エフェメリデン』に活字化したのであった。

それ以来、ペスタロッチは『ノイホーフ便り』として知られるようになった書簡のなかで、二つの企図をまとめた。すなわち、一つは彼の貧民施設が公的に認められることであり、またそれとともにより広い財政的な支援への期待である。第二には、初期の産業に賭ける貧民教育の普及である。彼は、後者によって、以前の急進的な愛国者団の友人たちに対してと同様に、ベルンやチューリッヒの農業の愛国者たちに対しても自らを思想的に位置づけた。まったく逆説的に、ペスタロッチは初期の産業が高潔な有徳な共和主義の理念をふたたび成立させるための唯一の方法と思ったのである。しかしその際に、工場主や商人たちの都会的な魂の堕落についての問題ではなく、むしろ田舎の住民たちの生計が保護されないならば、彼らに公の徳を期待することはできないであろうという事情が全面になっている。ペスタロッチは、明らかに地方住民の政治的参加を提訴するためではなく、むしろ経済上の保障の基盤に立って公の徳を導くために、狭く都市に限定された共和制の範囲を地方にまで押し広げたのであった。そのためには、二つの前提条件が満たされなければならない。第一に、地方の人々が新しい習慣とともに、金銭の危険に負けることなくそれを扱うことを教える教育を必要とするということである。第二には、地方が都市に比べてもはや実質的にずっと不利でないというまで経済の法律が自由化されなければならないということである――つまり、深く把握された都市国家の政治的改革が必要なのであった。

第三節　政治の改革

一八世紀におけるスイスの都市国家の寡頭政治化は、とりわけ地方住民の増大した不利益により可能となった。彼らは、すでに昔からずっと全領土の平地では政治的共同参加も与えられておらず、また彼らには軍隊での出世の可能性も極めて制限されていた。それゆえ、彼らは一八世紀に都市住民に対する関係立法によって、さらに加えて不利にされている。都会人たちは広範囲に亘って商売の独占を決定していて、それによって地方の家内労働者たちがもっぱら都市の商人から加工していない品物を買うことや、また完成品を都市市民にのみ売ってよいということも強制されていた。この都市市民の利益を狙う経済政策は、地方で利益を得ることのできた多くの貧しい人々、とりわけ自分の土地を持たない人たちから、より良いまたより持続する経済的成長を妨げていた。

それゆえ、初期産業の基盤に立つ共和制の経済の部分的な新しい方向付けの可能性は、経済政策の改革、つまり都市市民が実質的に特権を与えられる経済法の自由化を求めた。この目的のために、ペスタロッチは一七七九年に、意図して『我が祖国の自由について』と名付けられた論文を執筆した。確かに、共和主義の核心における自由の概念は、つまり地方が明らかに除外されていた自由において自ら法則を立てることを示した。しかし、この不利益はペスタロッチの省察の観点では主題でなかったし、むしろ不利益は地方住民の余りに少ない経済的自由であった。すなわち、地方住民が当然受けるべき権利・経済的に「豊かな生活」を手に入れることであって、そのように家族の面倒をみることの基盤の上に確実で高潔な生活を営むことであった。

この扱いにくい事態の原因は、ペスタロッチに従えば、「政治的」自由をもった都市チューリッヒ市民たちとの誤った付き合いにあり、彼らが自らの経済的な利益を確保するために地方に対してその自由を濫用したためなのであった。市民の自由は、チューリッヒ市民がもはや明確に持っていなかったもの、すなわち「自由の感覚」を前提としている。つまり、個人の道徳的な力であり、自ら「豊かさ」に満足することで、「富」を得ようと努めることではない。それなのに、まさしくこの道徳的な長所が都会人には欠けていたのである。商業と家内産業の製品によって可能となった突然の富は、都市の「成金たち」を彼らにもっと多くの富をもたらす法律上の特権を作り出すように頭をおかしくさせた。地方がひどく不利になっただけでなく、財貨がまた都市住民そのものの疎外へと導いた。ペスタロッチの見解に従えば、直近の一〇年間に共和制の先頭となった権力所有者は、共和制の土台とすべての人々のための豊かさを取りあげ、それとともにその没落に鐘を鳴らして合図をしたようなものであった。

腐敗した高官たちは、自分自身の富を増大させることのために彼らの権力を使用し、またそのように共和制を見殺しにする。ペスタロッチは、地方住民の有利になるような経済の自由化が少しも期待されない富と腐敗によって裁断される循環から、かつてのチューリッヒの宗教改革家フルドリッヒ・ツヴィングリ(一四八四年〜一五三一年)におけるような注意を引くやり方——彼はツヴィングリの著作の研究から知っていて特徴づけられるキリスト教の高官たちに依存するような打開策——がないと認識した。すなわち、それは気高く、強く、無私で、繰り返し自ら自分を試し、公共の福祉を方向づけるものである。換言すれば、古典的な高潔で有徳な共和制の理念は、それ以来キリスト教的な共和制のなかで生き続けるべきであったのである。それに関して、そのような生活はどのように見ることができるのか、また堕落した状況とどのように関わり合うのかといった彼の認識を、ペスタロッチは一七七九年から八〇年に僅かな週間で書き下ろした。文体や文法上の誤りを削除した時間のかかる作業のなかで、原稿を引き受けたのはイザーク・イーゼリンであったし、またそれゆえ彼は一七八一年に『リーンハルトとゲルトルート』という題名の長編小説としての出版も世話したのであった。この書は文学的に大成功となった。

第四節　『リーンハルトとゲルトルート』

『リーンハルトとゲルトルート』は、権力欲と金銭欲の深い「上層階級」による明らかに悪い上層部の行政によって支配されているボンナル村のある夫婦の事件を物語っている。リーンハルトは愛するにふさわしい、しかし誘惑されやすい石工で、同君連合国の代官で飲食店主人のフンメルの借金の罠に陥っていた。彼は、主人から借金をますます増加させるアルコールを客席でいつもどんどん飲むことを無理やりさせられ、彼の家族は徐々に没落に追い込まれていた。リーンハルトの「反対のもの」は、敬虔で力強い妻であるゲルトルートによって具現されているが、彼女は金のやりくりがつかないにもかかわらず、家族を確固とした規律で養い包んでいた。リーンハルトがゲルトルートに彼の借金や依存を打ち明けた後、彼らはすべての勇気と僅かに貯めた金を集めて、都市の高官である代官長アーナーのところへ行き、腐敗した村落内での彼らの悲運な出来事に関する苦情を語った。同時に、余分に残っている金でどのように借金を弁済することができるか、彼に助言を求めた。疑いなくニクラウス・エマニュエル・チャルナーが手本となっているアーナーは、「村の貴族支配」に限界を設け、職人の労働とそれに伴う収入を可能にするという改革を実施している。短い期間内に、高潔無私で常に自ら自分を試す代官長のおかげで、不正に満ちた村から小さな楽園が出現されるようになっている。読者は、もちろん理想的な代官長の描写に根拠づけられたこの共同体の未来像を特別なことと感じたように思ったのであった。

いずれにせよ、ペスタロッチが一七八三年、一七八五年、そして一七八七年に別の方向転換を取った小説のさらに続く部分を出版した事情は、ペスタロッチがずっと確信を抱いていたキリスト教的共和制の高官を当てにした政治的理想の建設が、それだけのためではないが、その高官が実際には視界内にいなかったので、少しも解決に至らなかったことを示している。

第四章　古い共和制と近代の自然法

多くの現実の「貧困」とスイスの共和制の思想的問題（堕落への非難）に関する父権主義者的な解決策を見つけるという『リーンハルトとゲルトルート』（一七八一年）におけるペスタロッチの試みは、同時代人にもまたすべてのペスタロッチ受容にも感銘を与えた。しかし、ペスタロッチのすでに成功した長編小説の出版の直後、彼自身は余り着想に疑念を持たなかった。古い有徳の共和制と近代の経済性とのあいだの葛藤を解決すべき「気高い高官」は、スイスの範囲においては実際に期待されるよりむしろ理想的な構想であったので、ペスタロッチ自身は新しい社会政治的模範を展望し始めた。フランス革命を前にして、彼は評判のよい（ベルリンの）啓蒙主義文学のなかに彼の政治的思想の決定的な新方向を見つけたと信じたし、またマリア・テレジア（一七一七年〜一七八〇年）の息子のオーストリアの皇帝ヨーゼフ二世（一七四一年〜

一七九〇年）の開明的絶対専制主義に君主の理想的な模範を認めたのであった。二つの新しい方向は、彼が共和制の中心的な理想――より少ない富も拒み、すべての人々の豊かな生活の保障、そしてその土台に立つ公の徳――を実際に断念することなく、彼の政治思想の中身のある修正へと導いた。この政治思想における変化は、彼の知性の格闘の証明である多くの未刊の論文のなかにだけでなく、また『リーンハルトとゲルトルート』の後の部分、特に第三部（一七八五年）と第四部（一七八七年）のなかでも表わされたのであった。

第一節　スイス共和制への幻滅

大成果が祝された長編小説『リーンハルトとゲルトルート』（一七八一年）は、チューリッヒの社会から社会的に孤立し、増加した「離脱者」とノイホーフの事実上の破産（一七七九年）によって消耗したペスタロッチに励ましを与えたように見えたが、確かに彼のよき指導者イザーク・イーゼリンの死（一七八二年）によって、ひどく勢いをそがれた。その上に、スイス地域の国内政策の実際の展開は、ペスタロッチの政治綱領よりも別の方向を示した。アーナーのような権力者は、実は地方の状況について認識することができなかったし、また連邦の都市国家の諸都市も己の利益に合わせた経済政策の方法を少しも変えることがなかった。すなわち、ペスタロッチが素朴な有徳の共和制のために心に描いたような方向を定めなかったし、人間が満足できる確信に基づいて高潔に発展できる方向で、地方に適応するような生活条件を準備しようとしなかった。ペスタロッチの政治的失望は、個人的な侮辱とノイホーフの閉鎖が彼に加えた侮辱とが混ざっていた。また、――その評価を彼は人生の終わりまで心に留めていた――それは政府の側からの十分な支援において完全に避けることができたのであった。

『リーンハルトとゲルトルート』の一七八〇年と一七八一年（第二部は一七八三年の終わりに出た）の第一部の執筆の両年には、ペスタロッチはすでに「超高官」への期待を向け始めていた。具体的には、一七八〇年に母親マリア・テレジアの後の官職についたオーストリアの皇帝であり、彼は心の広い開明的な絶対専制主義の意味で包括的な改革を導入して亡くなった。ペスタロッチは、イザーク・イーゼリンがウィーンの宮廷の役人たちに世話した学者の関係を通じて、ある種のスイスのヴォルテール（彼はポツダムで似たような「任務」にあった）として、宮廷に招聘されることを期待した。彼はそこで執筆する哲学者として、行政と国民の間の調停者として国家の改革に付き添い、国家の支援による貧民施設を創設するつもりであった。この目的のために、彼は幾つかの短い劇を起草し、それを彼自身によって一年間発行された週刊誌『スイス週報』に公表した。その水準は『リーンハルトとゲルトルート』のように文学的であったが、しかし極めて僅かしか受け容れられなかった。さらに、彼は社会と刑法の改革についての論文を起草し、ウィーンの宮廷の適切な立場の人への請願とともにイザーク・イーゼリンに送った。それによって、人々は彼に注意を払い、そして彼を招待した。ペスタロッチは、イーゼリンや多くの他の指導的なスイス人も所属し、またウィーンの宮廷にもよく擁護されていた光明会にも加入した。

ウィーンで地位を手に入れようとするペスタロッチの努力は、いずれにせよ無駄になった。なお、イザーク・イーゼリンが一七八二年に逝去し、それでペスタロッチにはオーストリアの首府に良い導線が失われたのであった。イーゼリンが努力してできた『リーンハルトとゲルトルート』の第一部の献呈で、宮廷顧問官カール・クリスティン・フォン・ツィンツェンドルフ（一七三九年～一八一三年）との唯一の接点は、まだ確かに断たれてはいなかった。しかし、それはとりわけペスタロッチに、論文と『リーンハルトとゲルトルート』の続編の部の送付をその後の話題にさせることとなった。相手側はいつまでも興味がなかったのではないが、しかし宮廷での雇用の方向では少しも発展しなかった。特に、ツィンツェンドルフ自身はヨーロッパの改革論議をよく知っていたが、それまで与えられていた権限を少しも自由に使えず、皇帝を難なくスイス人の雇用へと動かすことはできなかった。ペスタロッチは手紙のなかで、巧みに名を伏せることで彼の共和制の素性を隠し、スイスの貴族政治改革の部分として前面に現れるように企てた。一七八七年五月二六日、ペスタロッチはツィンツェンドルフ伯爵宛ての『リーンハルトとゲルトルート』の第四部の送付と同時に、ベルンの貴族ダニエル・フォン・フェレンベルク（一七三六年〜一八〇一年）へ、ヨーロッパで持続する改革が期待されうるのはオーストリアしかないという参照付きの手紙を書いた。「フェレンベルクは自分で私に次のように書いている。すなわち、『私たちの腐敗した共和制を前にして、私は民衆のための進歩を少しも期待できない』。それは、私たちを貶めるものだが、真実である。排斥された民衆指導の進歩は、内閣において賢明な指導者たちによって準備されなければならない。もはや、この進歩は確かに私たちによってここに来ているのではない――私たちは過去の人になっている」（ペスタロッチからツィンツェンドルフ宛、ペスタロッチ書簡集三巻、二四六頁）。それゆえ、絶望的なペスタロッチの眼には、共和制の復活への期待は転換できない堕落したものと思われている共和制そのものにではなく、むしろ最上の高官によって改革を方向づけられた君主政治のなかに逆説的な証明があったのである。

第二節　民衆の啓蒙と近代の自然法

ペスタロッチは一八世紀の大部分のスイスの作家たちのように、「文学的な」著述家としてではなく、むしろ「政治的な」著述家として、また時には彼をゲーテや他のドイツの著述家に対する批判へと動機づけた「政治的な」著述家として理解されるが、ペスタロッチの見解によれば作家たちはその著述の才能を包括的な社会改革のために役立てるには余りに少ないのである。ペスタロッチにとっては、書くことが政治的ないし社会的な改革の目的のための魅力的な手段であった。このような背景から、彼は一七八二年頃に、チューリッヒの青年運動の枠内や「経済的愛国主義」の枠内でもないなかで、ある重要な役割を演じた議論、つまり（主にベルリンの）啓蒙主義の文献に携わり始めた。その際、とりわけドイツの法律家で哲学者のヨハン・エーリッヒ・ビーステル（一七四九年～一八一六年）によって一七八三年以来編集されている『ベルリン月刊誌』が意味深いものとなった。ペスタロッチの読書中の長たらしい抜粋は、彼が何のテーマに取り掛かっていたかを明らかに示している。すなわち、社会的正義と所有と、（職業）陶冶の問題であり、――長くなればなるほど多くなる――人間の本質に関する問題であって、またそれに伴って人間的な社会の基礎に関する人間学的な問題なのである。大多数のスイス人にとってと同様に、ペスタロッチにとっても人間は、特に共和的な人間や「政治的動物」(Zoon politikon)で生まれつき政治的な存在であったし、あるいはまず「都市国家」(Polis)において十分な発達を経た存在であった。近代ヨーロッパの自然法論議はあったし、確かにその同意はすでに長くから問いのなかに設定されていて、またそこから由来していた。すなわち、人間は本来的に政治的人間としてではなく、むしろ逆に前社会的な存在として理解されるべきであり、その存在は人間が他の人間とある契約を、社会契約を結んだので、ただそのためだけに人間が他の人間と一緒に暮らすということであった。しかし、このことはすべての人間が「本性から」平等であると理解すべきであったし、また契約当事者として平等の権利を持つように行うことが許されていることを意味したのである。一八世紀の半ば以後、この思想の原型の政治的爆発力は、――ヨーロッパにおける絶対専制主義の頂点で――過小評価することができなかったし、それゆえ平等な契約当事者は本来的に公平な社会契約の観念を現存の政治的状況への批判のために、極めて簡単に用いることができた。例えば、ジャン・ジャック・ルソー(一七一二年～一七七八年)が彼の有名な懸賞論文『人々の間における不平等の起源と基礎についての論文(人間不平等起源論)』(一七五五年)のなかで、見事なやり方で示したのであった。

本来的に前社会的存在としての人間の観念は、ペスタロッチを彼の政治的人間像の多くの修正へと導いた。彼は、彼の本来の共和制の理想に見切りをつけたのではなかったけれども、他の人間像の基盤に立って高潔な有徳の共和制の理想に可能な限り近くに到達できるような新しい道を探った。それと同時に、一七八〇年代が経過するなかで、啓蒙主義の文献との対決において、二つの要素が徐々にはっきりしてきた。第一に、人間はその安寧を配慮する存在であり、この基礎の上に他の人間との付き合いにおいて利己主義を展開するのである。この存在は、第二に所有および財産で彼の安寧の懸念を少なくするための方法を見つける。だが、財産を確実にするために、財産が特に守られなければならない。そして、他の人たちもまた確実な財産を必要とするので、彼らはお互いの間で彼らに相互に、その時の財産を保証するという契約を結ぶ。財産は、それで人間社会の土台になるのであり、そして常にまた作られる自由の幻想でもないのである。しかし、財産の保証は、人間に権利（確実な財産に基づく権利）をもたらしただけでなく、むしろペスタロッチのように義務をもたらしたのである。

ペスタロッチが以前にまだ「本質的なもの」とみなしていた共和制の有徳の規範は、今や人々の間で、親と子の間で、高官と臣下の間で、富めるものと貧しいものの間で明らかになっている社会的義務である。空腹から盗み、そしてまたそれ以外にも粗暴になる犯罪者の貧しい人は、単に悪い犯行者ではなく、むしろ財産の不当な分配と行政府の怠慢な義務履行の犠牲者であり、

――それは若い未婚の子殺しにも当てはまる。ペスタロッチの目的は、その点において平等な社会ではなく、むしろそこでの確実な財産によって保証された「自主性」にあり、それは自由のための代替概念なのである。財産を保障すること、人間に分を守らせることが、法律の使命である。そして、人間に能力を与えること、財産を手に入れること、他の人間との付き合いのなかで原始に取得した野蛮の意識を薄めることが（身分による）職業陶冶の使命なのである。ツヴィングリ的な共和制からの、それとともに『リーンハルトとゲルトルート』（一七八一年）からの明らかな転向のなかで、国家的レベルから道徳と宗教が締め出されるのである。法律や教育と並んで、国家の法的規程が定められているように議論されるのは慣習でしかない。慣習は、人々の市民の付き合いをお互いに保証し、その代わりに人間の根源的な「野生」と、それに伴う利己主義を抑えるように配慮すべきなのである。権利と慣習の制度は「道徳的ではなく」、むしろ人間における剥き出しの「獣性の放蕩に対する力の抑制」なのである（ペスタロッチ、一七八三年、ペスタロッチ著作集、第九巻、二一四頁）。

第三節　『リーンハルトとゲルトルート』（一七八五年と一七八七年）

一七八〇年代の啓蒙的絶対専制主義とその啓蒙主義の文献への方針転換という二つの展開は、本来計画されていなかった『リーンハルトとゲルトルート』の別の巻のなかで、とりわけ一七八五年（第三部）と一七八七年（第四部）に出された双方の終わりにおいて、その痕跡を残している。自然法の論議あるいは近代の自然法の人間学に向けての注意は、『リーンハルトとゲルトルート』（一七八五年）の第三部において、よりにもよって村の学校教師の導入ということとの関連において見て取れる。この老練で世慣れた少尉の教師は、グリューフィー（GLÜPHI）という名前を持っていて、その名前のGLÜPHIは「Johann Heinrich Pestalozzi über Lienhard (und) Gertrud」の最初の文字のアナグラム（語句綴り変え）になっていると思われるため、ペスタロッチが彼自身の代弁者にしていると推測される。いかにも風変わりな名前と解釈されるとしても、彼はこの村の学校教師であり、非常に成功したが成功によって堕落しない綿加工業者で商人の全く道徳的に無欠の「バウムボール・マイヤー」と一緒に、代官長アーナーとともに包括的な改革の当事者となっている。綿加工業者の商人は、アーナーのように、ペスタロッチの近辺に実際のモデルがあった。つまり、アーラウ出身の公共心のある絹リボン製造業者ヨハン・ルドルフ・マイヤー（一七三九年～一八一三年）である。

アーナー自身は、第三部と第四部の成り行きのなかである意味で徐々に重要ではなくなっている。彼が全く共和制の都市国家の市民でないことと、またそのような者として代官として在職したことが突然明らかになる。第一部（一七八一年）では、彼は疑いがなかったし、むしろ遠くにあった館の役人であった。すなわち、ペスタロッチがどうやらスイスの共和制についてほとんど期待していない明らかなしるしであった。アーナーは、ツィンツェンドルフ伯爵の具現として一般に解釈されているビリフスキー伯爵という者から手紙を受け取る。この人物は館で改革を方向づける役人であり、館では特にボンナルでのアーナーの他の改革計画をひそかに害することがひどい手法で試みられている。アーナーはあらゆるところにある圧迫感によって病気になり、死にかけていた。彼は生き延びたが、病気を通じて村の幸福の土台が彼個人に、すなわち彼の道徳的無欠の人格に掛かっているのが多すぎることを自覚するようになった。彼は、長く続く発作と衰弱に揺さぶられ、「駄目な」政府の時代に保障として役立たなくてはならない権利を文書によって国民に決めるのである。模範としての善良なキリスト教的高官は、それに関して勤め上げ、法律的に保障された保護に取って代えたのである。

ボンナルの住人のように、まさに重要な権利を認められていない人間は、この法律上の保護がいかに必要であるかは、グリューフィーの人間学と教育学から明らかになる。ペスタロッチの非凡で力強い物語のなかに、人間は「自堕落な動物」として描かれ、あらゆる手立てを尽くしてそれを抑えること、そうでなければ各々の報酬のために他の人たちを搾取したがることが描かれているのである。

引用

『リーンハルトとゲルトルート』の第四部（一七八七年）の「私の少尉と私の書物の哲学」の章にある引用　「人間は……自然のままである、もし彼自身を野生のままに放任させておけば、無知の、不注意な、思慮の足りない、軽率で、騙されやすい、臆病で制御のない強欲さを身に付けて成長する」、そして彼の欲求の充足の途中で妨害される時には、「不正で、抜け目がなく、悪意のある、疑い深い、力ずくの、向う見ずで、執念深く、残忍に」なる。この問題のある人間像は、思慮深い「人間指導」によって、人は人々から社会及び彼の同胞によって、残忍でなく「彼が自然のままであるよりも、まったく別のものにする『はずである』」ということを望むのである。換言すれば、人は「彼を彼の心の奥底で変化させ、考えを変えさせるような制度、慣習、教育の仕方、法律」によって、要するにまず社会的に役立つように形成しなければならない。」のである。（ペスタロッチ著作集、第三巻、三三〇頁から次頁）。

グリューフィーが設立した学校は、「中身のない言葉の教授」に使われることがないであろうし、むしろ最初の広範な職業陶冶なのである。ボンナル村の若い人たちはいずれ農夫か綿工業労働者になるはずなので、彼らは彼らの職業をまともに成し遂げることができるように多く学ばなければならなかった。グリューフィーの姿でのペスタロッチとモーゼの第一の書（三章、一七節から一九節）を模して表現されているように、人間たちは後に「いばらとあざみを切り開く」のを学ばねばならないのであるから、唯一の教育手段としての愛は拒絶されている。社会的人間の自然のままの利己主義は撲滅されなければならず、それに伴って「財産による自立」という社会の目的は達成され得るであろう。「およそ人々と共に何かを成し遂げようとする者は、もしくは何かをしようとする人々は、彼らの悪意を抑え、偽りを責め、彼らの不正なやり方に冷や汗を出すようにしなければならないと彼（少尉、著者注）は言った。」（ペスタロッチ著作集第三巻、一七四頁）。満足できる豊かな生活によって独立して自主的になり、またそれゆえ高潔な住民によって成り立つ共和制は、人間の原始の非社会的な存在が教育、立法、慣習を通して粘り強く分を守らせるという断固とした指導を必要とするのである。

第五章　フランスの共和制、古典的共和主義と内面的道徳

フランス革命（一七八九年）は、民衆の力によってヨーロッパの典型的な君主国の急激な衰弱を招いたものとして、当然のことに政治哲学と現実の政治において広範囲に亘る結果をもたらした。事件は、一八世紀において特別な関心からヨーロッパの他の君主国において部分的にフランスの手本に強く方向づけただけでなかった。また、スイスでの共和制改革者のサークルにおいても新しい共和国の建設は鋭く監視されたが、西洋において近代共和制は絶対君主国の「内輪の敵」から生まれたように見える。近代共和制は、確かにその基盤がほとんど徳によらず譲渡できない自然的な人権によるものとして構成されていた。関心は相応して強くなったし、スイス共和国の再生への希望は膨らんだ。チュイルリー宮殿での暴動を伴う革命の経過はスイ

スの近衛兵たちが命を失ったし、ジャコバン党員の恐怖政治と国王夫妻の処刑は確かにフランスにおける共和制のための実験への熱狂を遅くとも一七九二年の半ばから衰えさせた。ペスタロッチにとっては、市民の権利の平等のうえに築く共和制が確かにぜひ必要であったが、しかしまだ十分ではないことをそれによって知り得たのであった。徳の要素は確かに法律上や行政のレベルで請求されるべきではないが、しかしそれでもやはり基礎となるものが欠けていた。ペスタロッチは一七九〇年代の経過のなかで、解答をドイツの神秘的啓蒙主義の仲間の、とりわけゲオルグ・ハインリヒ・ルードヴィヒ・ニコロヴィウス（一七六七年～一八三九年）との接触で刺激され、人間本性の「最も深いところ」に、人間の個人的な徳性のなかに見つけたのであった。

第一節　フランス革命とペスタロッチの態度表明

フランス革命は、確かにその象徴を一七八九年七月一四日の（陥落した）バスチーユ牢獄の暴動に置いているが、しかしはるか前に「始まっていた」し、また監獄の占領とともに「終わった」のでもなかった。ヨーロッパ大陸や北アメリカ大陸での事件の受け取り方は、相当に斬新的であった。事件は、確かに発端のまさに直ぐ後には多大な注目を浴びた。例えば、自分の良き指導者ヨハン・ヨーアヒム・ハインリヒ・カンペ（一七四六年～一八一八年）とともにパリへ向かったヴィルヘルム・フォン・フンボルト（一七六七年～一八三五年）のように、多くの見物人をパリへひきつけた。それは革命についての判定が行われるまで暫くの間続いたにもかかわらず、また見る間に内政上の爆破力を得たので次第により強く別々に展開し始めた。すなわち、まず巨大なフランスの君主制における事件としての興味か、あるいはまた「娯楽」を切り離し、直ぐに自国に対する重要さを受け取った。とりわけ、一七九二年にサンキュロットとともにジャコバン党員の権力獲得の後、立憲君主制の達成に至らなかったし、それどころか恐怖政治を通して民主的な共和制が整えられねばならなかったことがはっきりした。外国では、国王ルイ一六世と王妃マリー・アントワネットの一七九三年の処刑によって増加して生まれた疑いと拒絶が優勢になり始めたのであった。この事件の後になお、フランスの発展に利益になるように語る人たちは、決まって疑いが生まれたし、特に権力所有者の側から疑いが生まれた。それはまた、とりわけペスタロッチにも当てはまった。というのも、一七九二年八月、――ペスタロッチにとっては全く思いがけないことだったが――ジョージ・ワシントン、アレキサンダー・ハミルトン、ジェームス・マディソンの三人のアメリカ独立の創始者のような、その他の外国の名士一六人と一緒に、フランスの名誉市民を言い渡された――それはちょうど革命家たちがチュイルリー宮殿を突撃して奪取した時期であり、それによって九月には初めて残忍な侵害を行ったのであった。スイスにおいて社会的に孤立したペスタロッチの大変な賛辞は、彼にとって極めて不利な時期であった。

ペスタロッチにおいては、君主制の廃止と共和制の建設が確かに原理上の興味を呼び起こしたが、彼は一七九三年から九四年の「恐怖政治」における暴力行為に最も厳しく有罪の判決を下した。その時、彼は仕事上の理由からチューリッヒに滞在していたが、事件とその解釈を、主要な知識人で、真っ先にフランス革命について原則的に肯定的な見解を出版した(一七九三年)ばかりのヨハン・ゴットリープ・フィヒテ(一七六二年～一八一四年)と討論した。原理的に支持された共和制は、残忍な国家暴力や専横なしに、どのように安定して行われ得るのかという問題に関わっていた。ペスタロッチは、一七九二年の終わりに『然りか否か』という題名が付けられたフランス革命に関する論文を書き始め、一七九三年の秋にそれを終わらせたが一度も公にされなかった。論評は、彼が「然り」でも「否」でもないと言っているので、つまり彼は相対化しているので、啓発されることが多く、またかなり驚かされるのである。フランスの共和制に対する姿勢は、「然り、しかし」と「否、そうでない」である。「然り」はペスタロッチ自身の共和制の同一性に負っているのである。つまり、フランスはそうであろうという希望と、スイスがかつてそうであって、今もなおあるべきもの、すなわち有徳の共和制なのである。「私は物事の歩みと私の青年期の観念を比較し、夢想したし、大きな希望を育んだが、自分が欺かれたと見出した。」（ペスタロッチ著作集、第一〇巻、一〇五頁から次頁）。

ペスタロッチはふたたび目覚めた彼の青年期の理想の有徳の共和制を、近代的な自然権や社会契約の観念に基づいて構成された近代的な共和制と比較した（自ら難しくした）ので、欺瞞が自己欺瞞であったし、実際に公の徳は政治関連のメモから広範囲に削除されていた。一七九三年には、事件の評価における誤った個人の尺度での認識がまず手始めにはっきりしたし、実際にドイツ観念論の明らかな動きを支持した解決へとペスタロッチを導いたのであった。フランス人のゆがんだ自由についての理解の鋭い批判の後で、ペスタロッチはそれを何世紀も経た抑圧の表出として解釈し、次のように結論づけている。すなわち、現在の「王の権利についての常軌を逸した観念」、つまり絶対君主政治の正当性の是認は、「民衆の権利についての常軌を逸した観念を超えて」いたし、したがって民衆の圧制の正当性の是認となった。いずれにせよ、そのようなペスタロッチの熟考は、単に禁じられていないことの定義よりもはるかに多くの自由ということである。もし個々の人間が「自分自身の内的な教化への切望」を持つならば、政治的自由は人間にとって単に幸福である以上の、つまり何よりもまず道徳的な人間であろうということである。（ペスタロッチ著作集、第一〇巻、一四九頁〜一六五頁）。自由は、もはや単に一七七〇年代終わりのペスタロッチの理想におけるような「自由の感覚」、すなわち公の徳ではなく、むしろ内面的な「道徳」を前提とするのである。

第二節　一七九〇年代半ばの政治的帰結

フランス革命に対する彼の政治哲学への違いにおいては、もはやただ法律と並んで人間の社会的統合のために職業陶冶が、当然気がかりとなる徳性ではなかった。むしろ、それは彼の原理的な内面の独立性で、彼の全く独自の人間的自由の場であったし――何よりもまず明確な理想主義において中心的な役割を果たし、またペスタロッチがフィヒテによって仲介されたであろうプロテスタントの常套句であった。ペスタロッチは、この内的な自由を彼が一七九四年の断片で書いているように原始キリスト教徒によって思い出した。それは、彼にとって道徳的な――また穏やかではない政治的な―― 「サンキュロット」として現れたのであった。違いはささいなものであるが、社会的な平和にとっては決定的なのである。「初期のキリスト教徒は、明らかに道徳的なサンキュロット主義に生きていた。すなわち彼らは(自由意思で、原著者注)市民のサンキュロット主義が盗んだものを与えたし、彼らは自らを滅ぼし、市民のサンキュロット主義は他者を滅ぼしている。」(ペスタロッチ著作集、第一〇巻、二六六頁)。ペスタロッチがその後まもなくスイスの発展に応用しなくてはならなかった認識は、共和制は人間の個々人の徳性の上に築かれなくてはならないということであった。

フランスでの事件は、ヨーロッパの権力所有者の側にだんだん大きな疑いを呼び起こす一方、不利な立場にあった側に期待を掻き立てた。とりわけ、一七九〇年頃に成立した農村の上流階層から入会した地方の読書協会に糧を与えた。チューリッヒでは、共同体や村の行政から離れた裕福な工場主や外科医と、様々な人たちによってチューリッヒ湖の周辺に組織された「湖の読書協会」が有名になっていった。この協会は、特にフランスの事件に関心を持っていると判明したし、とりわけ週二度出版されたパリから報じられた『ストラスブール新報』に関心を持っていた。

パリでの事件に対する彼らの反応は、広いヨーロッパで比べるものがない。協会のメンバーは、革命文書の読物によって刺激されて祖国の歴史を読むことを始めたし、また昔の文献を探し始めた。そのなかで、一八世紀の終わりに没落があった時に、地方ははるかに多くの根源的な権利を持っていたことが明らかになった。それによって、彼らは一八世紀初頭に始められた都市国家チューリッヒの寡頭政治化の過程に対し、彼らの根源的な権利における理解を得たのであった。一方で、彼らの拠り所は一四八九年『森林の住人の格言文書』であり、そのなかで都市では地方がいわば同等にされていたのであり、ツヴィングリの死（一五三一年）の後に成った「カッペラー書簡」は、――一〇〇年以上もすべて暗黙のうちに消え去った特権であった――都市に地方の知らないうちに何かある敵対行為を始めることを禁じた。

この「文書で保証した」権利は、チューリッヒの「臣下たち」に、他のヨーロッパの国々における苦しみをともにする人として、より多くの権利の請求において他の戦略を追求することを可能にした。より多くの（経済上の）自由に従った要求は、（ただ）自然法の論拠だけに限定するべきではなく、むしろ歴史的な事実を挙げることを可能にした。一七九四年から九五年、チューリッヒ湖のシュテエファ近郊で真の民衆運動が発生したが、運動は昔の保障された権利を引き合いに出して、都市の指導者階級に大きないらだちを引き起こした。都市は非常にぎこちなく、そして不必要な残忍さで反応した。その結果、暴力的な民衆蜂起の恐れがあった。心配な都市住民を励ますために、ペスタロッチは都市の市民権を持った「地方人の男」として調停しなければと不穏な地域に出掛けた。彼は幾つかの論文を書いたが、そのなかで歴史的な有徳の共和制の論拠によって地方住民の一層多い経済的自由への要求をはっきり支持し、チューリッヒ政府に程よく対応する効果のある要求をしたが、もちろんほとんど成功しなかった。彼がフランスの革命家たちを非難したように、同じく「民衆の権利についての常軌を逸した観念」に陥らないために、彼が節制することを励ましていた地方住民の場合もほとんど成果を得られなかった。具体的には、追加の経済的自由が公共の福祉のために必要なのではなく、むしろ元の大きな富よりももっと少ないと、彼は地方住民を非難した。彼は、つまり一七九五年にそのように失望したペスタロッチは、活動における「解放運動」の指導者たちが「単なる裕福な人々として」行動したのではなく、むしろ「あなた方の村々のなかであなた方の共同体民として」、またそれゆえに公共の福祉と一個人の利益ではないことを心に留めていたであろうことを固く信じていた（ペスタロッチ著作集、第一〇巻、三〇六頁）。憤激した群衆は、ペスタロッチの戒めを彼らの事情への裏切りと解釈し、それでペスタロッチは自分の命を気遣い、その地域を逃げるように去らなければならなかった。

第三節　ヘルヴェチア革命前夜のペスタロッチの『探究』（一七九七年）

近代の商業の前提のもとで、共和制に関する未来についての政治的・哲学的な論議を伴ったペスタロッチの具体的な見解は、チューリッヒにおける政治的な不穏さとともに彼に著書を執筆することを動機づけた。彼はすでにそれを一七九三年に始めていて、フィヒテからフィリップ・エマヌエル・フォン・フェレンベルク宛の一七九三年一一月一五日の手紙のなかのペスタロッチの言葉によれば「私の政治哲学」とみなされていたのであった（ペスタロッチ書簡集、第三巻、三〇三頁）。多くの伝えられている草稿は、一七九七年に『人類の発展についての私の探究』という題名のもとに出版されるまで、ペスタロッチがいかに激しく彼の政治的自己理解の基礎を手に入れようと苦心しなければならなかったかについての証明を与えている。この著書は一〇〇年間ずっと、ほとんど受け入れられなかったとはいえ、同書はペスタロッチの哲学的主著として見なされてよいのである。

本文は三つの部分で構成されており、その際一番目と三番目の部分は一風変わっているようである。それらは、自由、権利、所有のような社会政治的基礎概念を扱っているが、他方で中間の部分は一種の人間学の分析を内容として含んでいる。この注目すべき構成の目的は、最初の部分で利己的な人間、そのような「党派的人間」と名づけられた人間の観点から政治的未来への逃げ道がないことを示唆するために、中心の社会的概念を論述することである。ペスタロッチは、それを人間の「矛盾」と呼ぶ。中間の部分では、政治的に逃げ道がないことに人間を導くこの矛盾した解釈は、事物の本性、社会それ自体にあるのではなく、むしろ人間の本性にあるということを彼は確かに指摘しているのである。人間の本性をペスタロッチは二重の、あるいは三重の本性と見なしている。自然としての、そうでなければ社会的存在としての人間は、社会の基本概念のように彼自身の、一個人のための利益をもたらすということを説明できる以外の何ものでもない。また、各々がそれを行うのであるから、すべての幸せに役立つ政治的な意見の一致が生じる可能性は決してない。主眼点は、人間がしかしなお人間の二つの最初の特質から根本的に区別される「第三の本性」を持つということである。これが道徳的な本性である。「私は、この世界のすべての物事を私自身、私の動物的な欲望から、また社会的な諸関係から独立して……表現するためのある力を私自身の内に持っている。」（ペスタロッチ著作集、第一二巻、一〇五頁）。人間がこの観点から社会の基本概念を考察すると、彼はそれを完全に他の、無私の、「真」の奉仕を認め、すなわち公共の福祉に方向づけられるのである。

『探究』の第三の部分は、この認識に基づいて構成されていて、今やそれぞれ第一の部分で言及した基本概念を演じ終え、またそれがどのように「自然人」や「社会的人間」と「道徳的人間」に現れなければならないかを問題とする。その際、「道徳的な世界観」だけは、ただ世界に対して無私の姿勢で——道徳的サンキュロット主義が——政治が保障する僅かな金持ちや権力者の特権に手助けをするのではなく、むしろすべての福祉になるということに、少しの疑いも残さないのである。人間が自分自身の内に潜んでいる矛盾を解決できずに陥るように見える『探究』の第一の部分のなかで、道徳的でなくて非常に多くの悲しみと不当な行いを引き起こす矛盾は、人間による幻想の作り出したものであることがはっきり判明するのである。

ペスタロッチは、人間の本性の三重の構造を、その承認を人間に自分自身によって調和へともたらし、無私の世界観ができるようにしなければならないのであり、単に縦の積み重ねるだけではなく、水平にも「位置を変えた」のである。彼はその際、人類の発展と人間の発展についての類比を、つまり系統発生と個体発生の類比を用いているのである。この構造に従って、幼児は前社会的な「未開人」のように規定されるその自然のままの本性や生存欲求から成長するのであり、そこから語られた問題の「我欲」が結果として出てくる。社会的な契約の画期的な時代は、——一七八〇年代のペスタロッチの立場と一致して——ヒューマニズムや博愛からの表現として認められていたのではなく、むしろ第一には単純で確実に財産を通して安心することができる手段として認められていたのであった。決定的なのは、社会的状態——若い時——は自然のままの「我欲」を変えないので、その結果財産の保護のために欠くことのできないものである法律が、人間にいつも好ましくない拘束として現れるのである。人間は、なるほど法律をさらにそのように自分自身のためにも執り成したのではないのである。ともかく、「師匠の時代」への向上と「利己的な」世界観の克服は、人間の社会的生活に根本的に好意的で利己的でない態度を生じさせるのである（ペスタロッチ著作集、第一二巻、一〇七頁）。

縦に配列された三つの本性のこの水平の移動のなかに、教育学的な計画が潜んでいるのであり、もちろんそれは『探究』においてやっと練り上げられたのである。それは、自然のままの本性、自然の動きと身体を強める第一の教育を、強く社会化されて、また限定された職業陶冶によって刻印される「我欲」による社会生活の第二の教育を、家族の愛とともに始まり、一人ひとりの人間の徳性において終わる第三の教育の種まきの間に、社会的な陶冶や職業上の社会化と人間の「我欲的な」本性の「切り離し」が達成されたときにやっと現れることができることを企図しているのである（ペスタロッチ著作集、第一二巻、九三頁）。有徳の共和制は、今や厳しい職業陶冶を通じて利己的な本性が抑制され得た道徳的な世界観の人間の上に築かれるのである。

第六章　ヘルヴェチア共和国と「方法」の発見

一七九八年のヘルヴェチア共和国の宣言は、多くの批判者に初期の同盟当時の情況への希望を掻き立てた。すなわち、自由な同盟地域のかつての歴史において認めたいとしていた理想がふたたび確立されるであろうという希望である。ペスタロッチは、新しい共和国がより賢明な権力担当者を首脳につけるだろうという揺るぎない確信をもって、革命後数週間もしないうちに教育施設の国家支援を目指す請願書をヘルヴェチア統一政府に直ぐに提出した。ペスタロッチはその施設を、破綻したノイホーフの計画の型の職業教育に特化して指導しようとしたのである。しかし、ペスタロッチはとりあえず新しい政府の公的な新聞の編集者となった。彼は、その新聞を通じて新しい共和国の政策に尽力し、また疑いを持つ者たちを理解させようとした。だが、その年の暮れ頃の政治的混乱に伴い、ペスタロッチは軍事的衝突が多数の孤児たちを生む結果となったシュタンツへ送られた。確かに、この公的に支援された施設の緊急的な性格は、ペスタロッチが望んでいたような職業教育の方向づけを妨げたが、その後の彼の成功のための土台を作ったのであった。なぜなら、そこではじめて「方法」が明らかになったからである。シュタンツでのたった半年の滞在の後に、施設がふたたび閉鎖されねばならなくなったとき、ペスタロッチの後援者は「方法」をさらに発展させるために、進歩的なブルクドルフにおける国民学校の教師としての立場にペスタロッチが就けるよう取りなしたのであった。

第一節　一七八九年のヘルヴェチア革命と昔の有徳の共和制再建の期待

一八世紀は、チューリッヒだけでなく昔の同盟の広い地域において、ある種の寡頭政治化を経験した。その結果として、およそ一八世紀の終わりには、チューリッヒの地方住民だけでなく、大部分の「臣従地域」と同様に関係する改革地域は、その地の状況に不満であった。近代の自然法の論証を伴ったフランス革命は譲渡することのできないすべての人間の基本権を表明していて、彼らはその状況の面に当然遭遇しなければならなかった。たとえ二つの共和制タイプの間に大きな違いが存在していたとしても、――スイスの理解は徳が中心にあり、「最良にして最も功績ある者たちの支配」（能力主義）が存在すべきであることから出発したのに対して、フランスでは共和制は自然法と社会契約の上に基礎づけられており、――西の隣国からの関連した論証は、スイスに深く広がった変化に役立った。一七九七年から九八年の冬にはスイスの様々な地域で不満が増大したし、またフランス軍の進駐とベルン近郊で粗雑に組織された特に英雄的とも言えない民兵に対する二つの些細な小競り合いとともに、古い同盟は過去のものとなった。諸事情の変化のための論議の大部分がフランスの手本に強力に方向づけられたにも拘わらず、古い有徳の共和制の理想が多く残った。すなわち、一四世紀の昔の徳に満ち、同胞と評価された自由の闘士として作られてきたイメージが残っていたのである。

確かに、革命は軍事的にも形式的にも、多くの住民層の精神構造が変化されうるよりも遙かに早く行われた。昔の権力保持者と並んで、新しい政府に抵抗した昔の同盟の特にカトリックの保守的な地域が存在した。それは、相当高度の地域的自立性をもった何世紀もの強い同盟の伝統から、中央の統一政府が存在すべきという理由ではなく、フランスの手本に従った新しい国家が世俗主義的でなければならないという、すなわち国家と教会を分離しようとした理由からである。この時期――一七九八年の春――までに、新しいヘルヴェチア政府は、新しい憲法を国民に魅力あるものに思わせるという依頼を文筆家ペスタロッチに手渡した。ペスタロッチは、彼の生涯で初めて公的な依頼が与えられたので直ちに仕事に取り掛かって、彼の著述物を数日も経たないうちに届けた。それには、同盟者たちが常に「友でありかつ兄弟」としてか、または「テル、ヴィンケルリートの子」としてかが呼び掛けられていて、彼らが新しい憲法を受け容れるように嘆願されているのである。それによって、「我々が自由であり、誠実な兄弟を自由にする以外は何も求めない、我々の同盟の最初の創立者の精神に高まらん」（ペスタロッチ著作集、第一二巻、二八一頁）ためである。フランスを手本に強力に方向づけられた新しい憲法は、昔の有徳の共和制の「再興」を可能にするはずであった。

ペスタロッチは、新しく始められた政府が「国父」の時代を告げたことと、またそれゆえその政府が「最下層の民衆に対する教育と学校の本質的な改善」を「差し迫った」ものと格付けするであろうということを信頼して、一七九八年五月の終わり頃に、彼のことを明らかに厚遇した政府のもとで彼の教育的実験に際して支援して欲しいという請願書を提出した（ペスタロッチ書簡集第四巻、一五頁）。ペスタロッチは、「最下層の民衆」に関し、何かひどく荒んだ人たちのことではなくて、土地を持たない人たちの広い階層のことを考えていた。その人たちの子どもたちは召使いや使用人になるであろうし、またそれによってまさに彼らは十分な経済的自立の理想に添えないのである。それゆえ、「庇護民」（Klientel）は、彼がノイホーフで世話をし、また『リーンハルトとゲルトルート』でも容易に展開されたあの庇護民と比較されたのであった。ペスタロッチが頭に浮かべたのは、職業に主にねらいを定めた教育学である。職業はそれとして人間の生計を保障すべきものであるが、他方で社会的に重要な徳のための前提として考えられていたのである。彼の好機は、たとえ極度に困難な条件下であったとしても、直ぐにやって来たのである。

そうこうするうちに、ペスタロッチの大衆向けの文筆家としての才能は、彼が、依頼されることなく書かれた一七九八年の夏のパンフレットのなかでさらに立証された。それは、内部スイスで対決的なより大きな抵抗を目撃した新しい政府によって、期待したよりも高く評価された。すなわち、ペスタロッチは一七九八年の晩夏に政府の特別紙「ヘルヴェチア国民新聞」の編集者に公に指名された。その際の出版物は、新しい政府に対する反抗が弱まることはなかった、とりわけ依然として「反抗的な」カトリックの内部スイスに向けられていた。あらゆる説得の試みが当然失敗と見なされたとき、抵抗中心の地ニーダーヴァルデンの州都シュタンツに駐留していたフランス軍が介入し、瞬く間におびただしい死者を伴う激しい荒廃を引き起こした。軍は縮み上がった住民とともに貧困と孤児、詳しく言えば半ば孤児を後に残し、また新政府は合法的と示す行動をせざるをえなかった。この時点で、政府はペスタロッチの教育学的動機を「思い起こした」し、子どもたちの面倒を見るために彼をシュタンツに送った。それゆえ、その間に五二歳となったペスタロッチは彼を非常に有頂天にした委託に備えたが、彼は多くの者たちや彼自身の家族の懐疑も顧みずにそれに立ち向かったのであった。

引用

彼の妻アンナの日記には、次のように記されている。「一七九八年一〇月にペスタロッチはシュタンツに赴き、両親が新しい憲法を受入れようとしなかったので、悲しい戦闘で両親を失った多くの子どもたちの総監督者になった」。彼女が彼に対して彼の年齢で総監督者を担うことを警告したのに、彼は旅立ち、彼女に一通の手紙を書いた。次の手紙は、ペスタロッチが一年もの長い間、孤立にどれほど苦しまなければならなかったかを示している。「今や、私とあなたの運命がどうなるかという問いは、もはやすっかり疑う余地はありません。私はこの時点の最大の理念の一つを実行するのです。一般的に人が遇してきた侮辱と軽蔑に値する一人の男を、貴方が侮辱と軽蔑で遇するとすれば、我々には何の救いも可能ではありません。しかし、私は不当に判断されていますし、また私自信が信じているものはそれに値しますので、まもなく貴方は私からの援助と助言を待たなければなりません。しかし今は静かにしておいて下さい――貴方からのどのような言葉も私の心に届きます。」（新ペスタロッチ研究、第一巻、三五頁から次頁）。

第二節　シュタンツ

中央国家の財政的手段によって戦争犠牲者の子どもたちの面倒を見るというペスタロッチの「博愛的」な任務を顧みないでは、彼が新しい政府の改革者や支持者として、またフランス共和国の名誉市民として、荒廃したシュタンツで実際に歓迎されたとは言えない。施設は女子修道院の端で遮られていたし、受け容れを同様に拡大しなかったのである。受け容れがそのように僅かであったので、役人は子どもたちを一部は受け取り、強制的にペスタロッチの施設に入るように指示したが、それはしばしば子どもたちが――よく養育されて新しく着物を着せられると――また居なくなるという結果であった。彼の側も、非常に僅かな経験しかなく、また何の教育的助力もないなかでの寮父に取り掛かるのは元気の出るものでなかった。同様に、とりわけ施設の基幹の設備が不十分であったので、職業教育の方向づけを考えることができなかったのであった。

ペスタロッチがただ耐え抜いただけでなく、七ヶ月(一七九八年一二月から一七九九年六月まで)にすぎないシュタンツの施設の生活で、彼のさらなる発展のための礎石を置くことができたということは、感銘を与える活力と同様にペスタロッチの必死さをまた語っている。とりわけ修道女とまた他の村のはずれにあった修道院のカプチン派修道士の支援のお陰もあって、ペスタロッチは徐々に子どもたちの信頼と、またそれとともに親たちの容認を獲得することに成功した。彼は教師でも監督者でも父でもあったし、外からの援助も時代の学問的認識も拒絶したのであった。子どもたちが第一に愛を必要としているということを信じ、学術的に整えられた教授学ないし方法論は彼には懸け離れたものであるように思えた。すなわち、すべては調和的で牧歌的な家族から自己展開しなければならなかったのであった。常に「自然関係」から成立し得たものは、必然的に「善い」ものであったし、またそのようなものとして「堕落した」外部の世界の改善を支援するものでなければならなかった。子どもたちは「世界の外にいた。彼らはシュタンツの外にあったし、彼らは私のもとにいた。そして、私は彼らのもとにいた」と、ペスタロッチはその年の終わりに彼の有名な『シュタンツ便り』(ペスタロッチ著作集、第一三巻、九頁)のなかで書いている。

教育学には、少なくとも一八〇七年の間に有名になったペスタロッチの報告(残念なことにシュタンツの時代の他の文献はほとんどない）によれば、確かに『探究』（一七九七年）の三つの人間学的本質要素と一致され得る部分のみが合致していた。彼の試みの基礎は愛であり、その愛は子どもにおける心的・身体的暖かさや栄養と衣服のような本源的な要求の満足によって発展させられる一定の「感情気分」を結果として持つものである。実に、この「感情気分」はさらに子どもたちが――彼らは常に純粋な喜びからではないにしても、「自制」における指導、勧告、練習を必要とするので――ある生活実践を展開するための基礎であり、子どもたちはこの生活実践によって自ずからと言って良いような「大きな真理」に突き当たるのである。ペスタロッチは、完全に反啓蒙主義的教育学のやり方で、理性的ないし道徳的な認識の仲介に反対している。というのは、この仲介は常にただ「表面的」なものにとどまるであろう。それゆえ、知的陶冶は道徳的な生活実践といったようなこの「感情気分」を前提とし、また道徳的に純化された生活実践から直観的に認識された「大きな真理」を言葉で表す試みをただ意味するだけである。言語教授は、それを手段として言葉以前に認識された「真理」――それはそれとして愛とその結果のお陰なのであるが――の表現についての教授なのである。ペスタロッチが根源的に関わろうとした職業陶冶は、確かにシュタンツの実験では全く欠けていたわけではないが、しかしただ傍らでの省察において理論的に摂取されただけなのである。一八〇七年に書いた次のような「道徳的基礎陶冶」が中心に位置していた。

引用

「道徳的な基礎陶冶」：ペスタロッチは、彼の教育学を要約のなかで——一八〇七年の言葉で——次のように述べている。「道徳的な基礎陶冶」は三つの部分を包括している。すなわち、「道徳的な基礎陶冶の範囲は、おおよそ三つの視点、(第一に、著者注)純粋な感情による道徳的な感情気分の獲得、(第二に、著者注)正しく善いものにおける克己と努力による道徳的な練習、そして最後に(第三に、著者注)正義と道徳の関係——子どもがすでにその生活を通じてその環境のなかに置かれるのであるが——を比較して慎重に検討することによる道徳的見解の生起」に基づいている(ペスタロッチ著作集、第一三巻、一九頁)。

同時代の報告は大変全力を尽くした指導者ペスタロッチに関して明らかにしているが、彼は彼の全面的な献身のやり方のなかで疲れ果てたのであった。つまり、彼には励ましも援助もなかった。当局との緊張は結果において無くならなかったし、その結果一七九八年の初夏に大陸の戦争の一部がスイスの地に起こった時、フランス軍は負傷した兵士のための場所を必要とした。ヘルヴェチア政府は、内部スイスには代わりがないので、ペスタロッチの施設を提供したのであった。この決定はペスタロッチを衰弱させ、彼はその衰弱によってベルン近郊の温泉療養地（グルニゲル）で数週間以上滞在して休養しようとしたのであった。しかし、それでも彼の教育学的野心は消え去ることがなく、また丁度ヘルヴェチア共和国はペスタロッチにおいて見出したと信じた新しい学校の方法を切実に必要としたのであった。

第三節　ブルクドルフ――「方法」――

長い間ペスタロッチの教育学を言葉でまとめ、さながら「呪文」のように同時代の文脈のなかで作用した「方法」の概念は、ペスタロッチ自身に由来したのではなくて、本質的にペスタロッチを助けてヨーロッパの大部分で名声を得させることに貢献した彼の後援者のヘルヴェチア文部大臣フィリップ・アルベルト・シュタップファー（一七六六年〜一八四〇年）に由来したものであった。シュタップファーには、戦争の混乱のなかで、また乏しい国庫によって新しい学校制度を組織するという労多き課題があった。その学校制度のために育成された人員が欠けていただけでなく、また近代的な授業方法も欠けていたのであった。一七九九年六月のシュタンツにおける不幸な結末の後、ペスタロッチによって何が行われなければならないかという問題が出されたとき、シュタップァーはヘルヴェチアの学校問題においてペスタロッチに賭けた。ペスタロッチは、確かに一七九八年ヘルヴェチア政府のもとでの税の公平さの問題で、彼の新聞雑誌の過激な提案のために余り好かれていなかった。シュタップァーは、行政府に対してペスタロッチは生徒たちが大変簡単に読むのを学ぶことができる方法を見つけたという指摘によって、ペスタロッチのための支持を理由づけた。すなわち、「彼は子どもたちに読むことを学ばせるための非常に簡単な方法を見つけた。」(「一七九九年七月二三日のシュタップァー」、一九〇二年、ルドルフ・ルギンブール『フィリップ・アルベルト・シュタッププァー』、一八七頁から次頁)のであり、その際まさに彼は授業科目の特別な難しさを解消し、つまり授業科目を「子どもたちの本性の精神に」基礎づけたと。ペスタロッチが貢献しようとしていた倫理的に正当と認められた国家の庇護のもとで、ほとんど権利のない人たちの職業陶冶はこれまで中心になく、むしろ子どもの精神とその発展の基盤に基づいた、すなわち心理学的法則に基づいた読み方学習の方法が中心にあった。

ペスタロッチがブルクドルフ城の学園の指導者となるまでに、数多くの困難が克服されなければならなかったし、また幾つかの不意の出来事が起こった。シュタンツの閉鎖と一八〇〇年七月のブルクドルフ入城との間の一三ヶ月間に、ペスタロッチはブルクドルフで様々な成果を含んだ授業を行った。不意の出来事とは、内定していたヘルヴェチアの教師養成者のヨハン・ルドルフ・フィッシャー（一七七二年〜一八〇〇年）がブルクドルフ城をヘルヴェチアの教員養成講座のために選ぶつもりであったのだが、しかし講座が開かれる前の一八〇〇年の五月にフィッシャーが亡くなったことであった。それに加えて、ブルクドルフには一定の数の子どもたちが集まっていた。彼らは一八〇〇年の春に若い教師ヘルマン・クルュージー（一七七五年〜一八四四年）の指導の下に東スイスからの戦争難民として、より安全な州のベルンに旅をしてきたのであった。ペスタロッチが一八〇〇年六月にヘルヴェチア政府に、彼が教え、貧しい子どもたちを教育し、教師を養成しようとする私立の施設として彼に城を貸与することという請願書を出したとき、建物が彼に貸し与えられた。このブルクドルフ城において、ペスタロッチは教育学の名声を手に入れたのであった。ただし、ペスタロッチ家はまさしく城にいた初期（一八〇一年）、たった一人の息子ハンス・ヤーコプ（一七七〇〜一八〇一年）の死に対応しなければならなかった。彼は、病気のためにほんの僅かな幸せな生活を送っただけであった。

引用

アンナ・ペスタロッチ・シュルテスの日記には、次のように息子の死が記され、ペスタロッチに対してもまた新しい課題が示されている。「八月一八日の晩八時頃に私たちの愛する一人息子の死の日がやってきました。五月という月に、またもや彼の病気が非常に嘆かわしく降りかかりました。その結果、私は……また家に呼び戻されました。……最終的に体が次第に衰弱し、彼の発作はこれまでとは違ったようになりました。舌に病気がまわり、記憶が大変弱くなったので、彼はただ僅かな言葉だけを話すことができただけでした。……彼の愛する父がブルクドルフで若い人たちと始めた教育という偉大な仕事は、この愛する善き夫から彼をなお見ることを妨げたのです。」（新ペスタロッチ研究、第一巻、四五頁から次頁）。

一八〇〇年六月、文部大臣シュタッパーによって設立された「教育制度友の会」は、ペスタロッチの「偉大な仕事」の実現において彼を支援した。友の会は、ペスタロッチに彼の「方法」の根本を公に提示するのを急がせ、そのなかから『ゲルトルートはその子どもたちをどのように教えるか』（ペスタロッチ著作集、第一三巻）が生まれた。同書は一四の「書簡」で構成され、はじめの四つの書簡では自伝的に論じている。ペスタロッチは、彼の忍耐の試された困難な生涯のことを明らかにするために叙述している。すなわち、根源的に与えられた「純真さ」と厳しい生活経験の比類のない結びつきが、彼を教育における「自然の歩み」の発見に導いたということである。この自然の歩みは、続く一〇の書簡のなかでより体系的に提示されていて、そのなかでは人間の認識の諸力の「合自然的」陶冶が第五から第一〇までの書簡の中心になっている。ペスタロッチは、人間は絶えず具体的な境遇のなかにあり、その境遇によって、またその境遇について学習することができるということから、合自然性の原理を導き出していて、彼はその境遇を教育学的に「直観」の原理として名づけている。「直観」は、あらゆる認識の基礎であり、それ自体「形」と「数」と事物の「概念」の三つの要素に分かれる。この事物の基礎化は、子どもの側ではそれぞれの固有の受容力に相応し、それはそれで(秩序づけられた)外界との出会いによって呼び起こされる自然の発展の歩みにより前もって刻印されているのである。それゆえ、「直観」の原理は、外界と人間の内的発展の原理との間の橋渡しの機能を占めるのである。しかし、その際に外界が混沌として現出されてはならず、むしろこの目的のために子どもの眼の前に秩序づけられて提示されなければならないのである。ペスタロッチは、この構想を続く数年のうちに彼の教科書で仕上げるはずであった。

だが、それでは十分ではない。認識の発展は「何も伴わずに」行われるはずのものではなく、むしろ他の人間の「能力」の発展にはめ込まれて行われるものなのである。つまり、その「能力」とは、ペスタロッチが一二番目の書簡で取り組んでいる身体的陶治であり、同様にまた——特に——道徳的・宗教的な陶治である。ペスタロッチはそれらについて最終の二つの書簡のなかで言及しているが、そこでは母と子の関係があらゆる宗教的陶治の、それとともにあらゆる真の人間陶治一般の基礎として讃えられている。道徳的・宗教的な陶治の優位をペスタロッチは次のことによって基礎づけている。すなわち、日々の直観の現実世界はすでに「神の最初の創造」でないであろうし、また人間たちはまだ非常に良い状態の知的陶治を保護する前に安易に腐敗させてしまうのであると、道徳的・宗教的陶治の優位を基礎づけたのである。保護は、母への愛によって生まれる人間の内的安定性に基づくのである。愛は、人間が徐々に神に委ねるものであり、かくして人間は「神の最初の創造」を知るに至るのである。三つの人間の能力の調和、すなわち頭・身体・心臓のあの調和は——それは後者の優位によってはじめて可能になるわけである——ペスタロッチにとっては彼が一八〇〇年以後の世界に約束した「方法」の目標なのである。

第七章　宣伝と学園の成功

ペスタロッチの「方法」は、すでに大変早くからスイスの後援者たちによりある方法で支援されていた。つまり、完全に宣伝のために語られていたのであった。この宣伝は、ヘルヴェチア政府の決定としてスイスにおいて行われていて、ペスタロッチの教科書の印刷を前金渡しで支援することだけでなく、教科書を特権によって保護することが行われていた。すなわち、当時では通常でない版権入手が国家的に保護されていた。実際、国内の成功はまた即座に外国での大きな関心を生み出した。同時に、「方法」によってまずなお大変簡単に認識や身体と道徳の陶冶を仲介するという約束は、一八〇〇年以後のヨーロッパにとって非常に魅力的であったので、「方法」を学ぶために、場合によっては方法をその時々の国家に導入するために、外国の諸国民はブルクドルフに関心を向けたのであった。大衆向けの雑誌は、しばしばブルクドルフとその指導者について報告したし、関連した旅行の報告を発表したが、そこでの「方法」の描写は形式においてみな非常に類似していた。すなわち、ペスタロッチの人柄と彼の並外れた苦悩多き生涯が、またそして人類の幸せのための彼の教育的使命が中心となっていた。彼の成功に関して、同時代の受容と調査で忘れられていたのは、次の状況があったからであった。すなわち、ペスタロッチの著作からまさしく政治的論議が消えていたが、しかし主題はなお常に――たとえ密かであったとしても――政治的・倫理的に動機づけられていた。自然的・心理学的な教育方法は、彼がすでに青年期に人間に向けて求めていた人間、つまり公の幸せのために自らの自由を賭ける有徳の政治的人間を（再度）生み出すべきなのであった。

第一節　スイス人たちの宣伝とその成果

一八〇〇年六月に文部大臣シュタッパーによって設立された「教育制度友の会」は、ペスタロッチに彼の「方法」の基礎を『ゲルトルートはどのようにその子どもたちを教えるか』で出版するように彼を促しただけではなく、むしろまた「方法」が独立的な面から評価されるために尽力した。そのために、同会はヘルヴェチアの内務大臣への選任を辞退した後にベルンの教育委員会の局長に任命されていた著名で哲学的によく教育された主席牧師のヨハン・ザムエル・イートト（一七四七年～一八一三年）を説得した。イートトは、ブルクドルフのペスタロッチを訪ね、ブルクドルフについての一つの報告書を起草した。その報告書のなかで、彼は「方法」を最善の明るみに出すために役立つ六つの点をすべて強調している。イートトは、ペスタロッチの「教授法は……新しく、したがって真の発見である」ということを、またそれゆえに先駆者を持たないということを第一に強調している。第二に、「方法」は人間の精神の自然の発展に方向づけられており、したがってこの方法は発達心理学的に基礎づけられていることが強調されている。その基礎は教授が早くかつ単純でという第三の点を導き、また――第四に――「方法」は初めはまだ教師においても生徒においても知識や熟練が当然必要でなく、むしろ単に健全な感覚が前提とされなければならないということである。第五に、この「方法」の確かな成果は教える者たちの強化された「自己感情」を導き、他方で「道徳性」を助長する彼らの「自己満足」を促進する。そして、第六にイートトは、「教授法」はただ単に基礎的な教授科目に制限されるだけでなく、宗教に至るまでのあらゆる教科を包括するであろうと述べている。結論は、「この新しい教授方法によって……あの真の基礎教授が見いだされているわけであるが……この真の基礎教授は子どもにあらゆる予行演習を提供し、どのような芸術や学問のためにも準備し、いかなる立場や階級にも応用可能で、完全な人間陶冶のためにも最初の基礎として欠くことができないであろう」(ヨハン・ザムエル・イート『ペスタロッチの学園とその新しい教授方法に関する公務報告』、一八〇二年、八頁)という文になっている。

報告者イートの提案に基づいて、ヘルヴェチアの行政機関は一八〇二年一二月に次の決定をした。第一に、ペスタロッチに実践的な教科書の印刷のために八〇〇〇フランの前金を与え、第二にこの教科書のために特典を与え、第三に彼に国家的な教員養成所の施設を委ね、第四にはペスタロッチとその協力者のための給与保証を与え、また第五に出版の成功に最も重要なことであるイート報告書の印刷部数を四倍に仕上げて、スイスの全教育委員会と学校視察官宛てに報告書の有効な送付を指示すること、——まだ存在しないペスタロッチの教本——あるいは基礎読本のために二五冊づつと予約広告を一緒に指示するということを決定したのである。この基盤に基づいて宣伝を展開することができたが、その宣伝は「方法」との関連で約束に対する注意すべき環境に突き当たった。

確かに、ペスタロッチの成果は議論の余地がなかったとは言え、しかし例えばザンクト・ガレンのヨハン・ルドルフ・シュタインミュラー(一七七三年～一八三五年)のような競争相手たちがいた。彼らは、ペスタロッチとしばしば極めて無神経に関わり合ったので、自分たちの僅かしかいない同調者を立腹させた。競争の状況は、以前の同盟の崩壊後とヘルヴェチアの開始とともに、自由な教育市場が形成されていて、そこでは商品の提供者たちは権力の担い手たちに彼らの製品の質を認めさせたかったし、また個人的関係とすべての出版の戦略とともに政治的な後援の支持をも獲得したかったのであった。宣伝の助けにより、すでに一八〇二年以降にはペスタロッチという名称を用いた幾つかの私立学校が成立したが、一部では真の「方法」をほとんど実行することができなかった。もちろん、またそれらの学校が全く行うことができなかったのは、第一に「方法」が基本的に母親と関係づけられたままの限りでは行うことができなかったし、第二に支払いをする親たちが明確な結果を望んだ間は行うことができなかったのである。――そしてそのほとんどの親たちは「人間陶冶」を求めず、成果のある知識の伝達を要求したのだった。この成果の豊かな私立学校は、ヘルヴェチアの国立学校にとってさえも問題になった。例えば、チューリッヒ州のシュテファでは、一八〇三年に親たちは臨時の地区集会で直ちに、また所轄の教育委員会に知らせることなく、自称あるいは実際にペスタロッチの「方法」に従って教授していたことさらお気に入りの私的な教師を公の教師に任命し、確かに教育委員会の側からそれ相応の叱責を受けていたが、将来の師範学校生徒としてペスタロッチのところに派遣する州の官庁の決定を受けていたそれまでの教師を解任することを決定したのであった。

第二節　外国での好成果とペスタロッチを巡る崇拝

スイスにおける学校行政的な出来事は、ドイツで早々と大きな注意を引くことになった。すでに一八〇一年の終わりには、名声を得ていた『新ドイツ・メルクール』にブルクドルフ訪問の報告書が匿名で出された。その報告書のなかで、「方法」は「ごまかし」や「抽象的議論」でない普遍的な人間純化の典型として、また何処でもどの時代でも応用可能であろうし、そしてまず学者でなく真の人間をまさに陶冶するであろうし、それゆえ階級を超えたものであろうと讃えられている。有名な学術雑誌や様々な広告新聞と並んで「知識人新聞」にさらなる証言報告が一八〇二年に現れ、また直ぐに広く流布することになったザムエル・イートの報告書も現れた。それに応じて、短時間に至る所でヘルヴェチア政府の決定、つまりペスタロッチに出版費の前金を渡し、印刷特権(一種の版権)を与えるという決定が報告されたし、すでに同じ年に「方法」についての最初の書物、つまりヨハン・フリードリヒ・ヘルバルトの『ペスタロッチの直観のＡＢＣの理念』が出版された。同書は全体としてペスタロッチについては僅かのみで、その代わりにいっそう直観の原理によって数学をあらゆる教授の基礎に高めるというヘルバルトの努力が取り扱われている。ペスタロッチは、一年後（一八〇三年）すでに非常に有名になったので、『奢侈と流行の雑誌』をまだ全く印刷しなかったが、基礎読本をヨーロッパの流行記事に指名することができたのであった。この年に、ペスタロッチの三つの教科書と並んで彼に関するさらなる二つの学術論文が現れた。同論文は、それとして、出版界をなおはるかに煽ったので、結果として一八〇四年以降は書物のほとんどが全く分かりにくく、とりわけ実際に相当仰々しいものとなったのであった。

僅かな例外を除いて、この寄稿は――承認するものと拒否的なものとに――同様に特徴づけられていて、第一にほぼ常に新しい方法を有望で、また公的なものと宣伝していたザムエル・イートの報告が言及され、ペスタロッチ自身の伝記を辿っているのである。ペスタロッチが『ゲルトルートはどのようにその子どもたちを教えるか』において自ら示唆していた「方法」の発見の伝記的説明は、懐疑的な訪問者をまた興味深い仕方で絡めていた。その際、彼らは確かに「方法」を学校の教授の方法としては批判していたが、それでも例えばプロイセンの神学者アドルフ・ソーヤーのように、その「精神」を賞讃したのである。一八〇二年と一八〇三年からの最初の二次文献、ザムエル・イートの一八〇二年に出た報告書とペスタロッチの『ゲルトルートはどのようにその子どもたちを教えるか』は、結果として有名な新聞雑誌で何百ページにも亘り記述されて解説されたが、その場合その解説さえも他方で批判の対象になったのであった。ペスタロッチが彼の著書『ゲルトルートはどのようにその子どもたちを教えるか』によってはじめて公に「方法」の見解を述べた時期(一八〇一年)から一八〇五年までに、全部合わせてペスタロッチのために、またはペスタロッチに関する二〇〇の表題で、単純な報告から包括的な著書に至るまでが出版されたが、その近くの一八〇四年にはすでに最初のペスタロッチに関する学位論文が神学者テオドール・チームセンによって提出されている。大半の有名な新聞雑誌の場合は、確実にペスタロッチ主義者の手中にあった。それは『ドイツ・メルクール』に関して当てはまるだけでなく、――すでに一八〇三年の――『新ベルリン月刊誌』に関しても当てはまるのである。牧師で貧民の教師のカール・フリードリッヒ・リーマン(一七八一年~一八〇九年)がある論文のなかで、ペスタロッチのことを責めたとき、つまり彼の「方法」によってすべての社会的絆を解消しようとしていることと、また宗教教育を弱体化することを責めたとき、雑誌の編集者であるヨハン・エーリッヒ・ビースター(一七四九年~一八一六年)は確かに論文を印刷したのだが、その論文に前書きと特にある長い解説を付け加えた。そのなかで、ビースターは多くの肯定的報告書を参照し、ペスタロッチの「方法」を通して不道徳な教育の危険に反撃している。すなわち、「道徳性を欠いた善い頭脳が危険であることについて、確かに『リーンハルトとゲルトルート』の著者よりも心から確信している者は誰もいない」（ヨハン・エーリッヒ・ビースター「手引きと評論」、『新ベルリン月刊誌』所収、一八〇四年、一四三頁）と。

「方法」がペスタロッチの伝記を普及させ、またその際に『リーンハルトとゲルトルート』の文学的大成功を思い出させるという『ゲルトルートはどのようにその子どもたちを教えるか』における方策は、成功であることがはっきりしたのであった。「方法」とその発見者との関わりにおいて、苦悩多きイエス・キリストの生涯や救いの約束への親和性は、ほとんどおのずから聖書の言葉へと導いた。その結果として、ペスタロッチは、またどうしてマタイの福音が彼の「方法」と一致するかを吟味することに取り掛かったのであった。

引用

一八〇三年の聖霊降臨祭に、神学者で教育学者と作家であるヨハン・ルードヴィヒ・エヴァルト（一七四八年～一八二二年）は、ペスタロッチに宛てて次のように書いた。「ついに私は貴方にきちんとした書簡を送ることになります。人類の高貴な友よ、人類のための殉教者よ、したがって知的人間陶冶のための善き発見者コロンブスの友よ、神はこう望みたもう、人間の尊厳の最良の王冠、貴人、名士の愛によって神の国において冠をいただいている者よ。」と。そこで彼は結びに次のように記している。「要するに、宗教的概念を発展させ、宗教的感覚を陶冶するための方法は、キリスト教である。あるいは貴方の方法は、知的能力を陶冶するためのペスタロッチの方法は、キリスト教的方法である。――あるいはむしろ両者は一つの源泉から生み出されている。つまり、人間的本性とその要求から生み出されているのである。」（ペスタロッチ宛書簡集、第一巻に見える）。

第三節　政治か教育か

人格が自然的で単純に、全体的・宗教的に強化され、高度の予備知識なしに適用できるペスタロッチの「方法」の幾つかの長所は、ただ新聞雑誌で好まれた話題になっただけでなく、むしろ各国の教育行政においてもまた好まれた話題になった。特にナポレオン軍に対するアウエルステットとイエナでの一八〇六年の敗戦後、国家の新しい教育の課題があると見ていたプロイセンの関心は、当然決定的なものであった。再生と新しい方針が他の教育学を通じてもまた当然可能であるはずであるということは、確かにすでに前から述べられていたが、しかしその思考形式の「出現」は一八〇八年以後にはじめて起こったのであって、その間に有名になった哲学者ヨハン・ゴットリープ・フィヒテ（一七六二年～一八一四年）は、――彼とペスタロッチは一七九三年にチューリッヒでフランス革命について語り合っていた――一八〇七年から〇八年の冬に行われた彼の有名な講演『ドイツ国民に告ぐ』において新しい教育を求めたし、またその際にペスタロッチを参照にするように指示した。一八〇九年から昔からの友人ゲオルク・ハインリッヒ・ルードヴィヒ・ニコロヴィウス（一七六七年～一八三九年）がプロイセン内務省の文化部門長となっていて、彼はヴィルヘルム・フォン・フンボルト（一七六七年～一八三五年）のもとで最初の仕事をしていたが、フンボルトと同様にペスタロッチの「方法」に対して共感を展開していた。このことは、明らかにペスタロッチにとって幸運な出来事であった。この前後関係から、続けてプロイセンが「方法」を習得してそれを祖国で応用すべき一種の研究生である「生徒たち」をペスタロッチのもとへ送ったことは、不思議ではない。彼らは、それ以上の専門教育もなく助教として雇われ、学園生活の内で子どもたちの教授と監督に関与しなければならなかったし、彼らの祖国のあちこちの相応の職場に報告書を送らなければならなかった。

「生徒たち」――「方法」を学ぶために、またそれに相応しく専門養成教育されて祖国に戻るために、外国の政府によってブルクドルフとイヴェルドンに派遣されていた教員たちは、生徒たちと呼ばれていた。政治的後援者の著名人や生徒たちの数に関しては、プロイセンが主導的であった。第一に、彼らは同時に「研究生」であり「実習生」であって、また第二に彼らは城中そのものでなく下宿に住んでいて、その範囲内で固有のグループを形成していた。ペスタロッチは体系的な専門養成講座を目指して努めたが、それは僅かでしかなかった。

スイスの後にまず二つの国、すなわちプロイセンと並んでデンマークが、「方法」の手本に従ってそれぞれの国の教育制度の改組に関心を示した。驚くのは、よりにもよってルター派と刻印された君主国が、その社会倫理においてその時点ではルターと非常に区別されていたツヴィングリに強く刻印された共和主義者の教育学に、関心を示したということである。重要な点は、「方法」がペスタロッチの以前の教育学から社会倫理の含意を隠し、その結果として「方法」が普遍的に応用できると思われたこと、すなわち方法が共和主義の脈絡以外で用いられ得たということにある。決定的な転換は、自然のやり方で自己発展するものとして捉えられ、また発展そのものを実行する力に欠けているだけであるという人間の精神への復活であった。教育は、その立場で認識に関する期待のように、宗教的に満たし得る精神の援助であった。ツヴィングリ派もルター派も、後にはほとんどカトリック信者も子どもの自然性には反対せず、誰も発展の意味での合自然的教育に反対しなかったし、また多くはペスタロッチと、その教育学的・心理学的な人間像が学校や教育の方法論の真の出発点であろうと信じたのであった。ヨーロッパは、ペスタロッチとともに、心理学化された教育学的用語に対して、大変曖昧で様々な投影を許していたことを発見したのであった。すなわち、「方法」の提案を国家的学校制度の関心と結びつけるということであった。教育学と未来をはらんだ「国民形成」との結びつきは、一八〇五年以後の数年間、背景を探ることのできない共通表現に属していた。それは、今日までそうである。

ペスタロッチは彼の昔の共和主義的理想を「方法」によって断念していたかどうか、という問いが出される。彼は、一八〇五年九月の二つの書簡が示しているように、その理念を持って振る舞っていたように見える。一八〇五年九月の初頭に、彼は古くからのチューリッヒ時代の友人ダーフィト・フォーゲル（一七六〇年～一八四九年）に宛てて、次のように書いている。「哀愁が私を捉えます。私はチューリッヒ人ではなく、もはや私はスイス人でもありません。我々には祖国はもはやないのです。我々を人間に留まらせ、そしてなお我々が死ぬまで人類の関心を我々の内で弱めないようにしましょう。」（ペスタロッチ書簡集第五巻、三六頁）。この箇所は、まさしくジャン・ジャック・ルソー（一七一二年～一七七八年）の『エミール』（一七六二年）の前書きの一節を思い出させるのも偶然ではない。ルソーは『エミール』において、次のような発言をことさら述べている。今の世界には祖国も市民もない。それゆえ、自然人が教育されなければならないのである。なぜなら、それはエミールが終わりにローマの市民兵の模範と同じになるべきなのであるが、しかしその意図は小説そのもののなかで守られていないのである。ペスタロッチの場合にも、共和主義が同様にまたそれとなく現れているし、しかもペスタロッチの伝記のための資料を収集してスイスを巡る旅にあった彼の親密な協力者ヨハネス・ニーデラー（一七七八年～一八四三年）に宛てた一通の手紙のなかでもそれとなく現れているのである。ペスタロッチは、一八〇五年九月二〇日に、その手紙で次のように記している。「君は今チューリッヒにいる。開いた目で暮らしたまえ。とりわけ、私にとって非常に重要な論文アギスが掲載されているリンダウの雑誌に尋ねてみたまえ。君のことを思いつつ。」（ペスタロッチ書簡集、第五巻、四三頁）。

政治は、排除されているわけではないが、しかし「堕落した」時代の兆候のなかにあって、もはや公共の福祉に方向づけられた措置の最前列に位置していない。この中心の位置は、もっぱら教育学が相応しかったし、より厳密に言えば「方法」が相応しかった。それゆえに、ペスタロッチは一八〇七年五月に有名なチューリッヒの政治家パウル・ウステリー（一七六八年〜一八三一年）に宛てて、次のように書いている。「人々が現実に何かである前に、政治によって人々から何かをなすという夢、この夢は私のなかで消え去っています。私の唯一の政治は、今や人々から何かをなすこと、彼等から常に可能である限り非常に多くをなすことです。」（ペスタロッチ書簡集、第五巻、二五一頁）。政治的野心は今ではもう目標にすぎなかったし、実際に政治は「国民指導」の手段として大幅に消え去っていたのであった。「貴族の」権力保持者たちへの訴えは、彼等の国家をあらゆる人々の公共の福祉のために組織するという訴えは役に立たなかった時でも――それはさらに『探究』（一七九七年）でも明瞭になっている関心事である――普遍的で自然の教育学は、人々が政治的存在として現れる前に「人々から何かをなす」のでなければならない。ヨーロッパの様々な国民たちは、彼等の国家の枠内で市民であらねばならなかったことについての最善の様々な未来像を持たなければならなかったとはいえ、彼等の国民の新生のためにこの計画に同意したということは、完全に明らかであった。

第八章　証人としてのペスタロッチのカリスマと問題

ペスタロッチが一八〇七年から一八一〇年までの彼の教育学の創作の頂点にいたとき、極めて長かった政治的混乱は彼をブルクドルフから追い出し、迂回を経てノイエンブルク湖の南端のイヴェルドンに向かわせた。生徒たちと同様に協力者の数は絶えず増え、その結果かつてのブルクドルフでの平穏であった学園よりも早く立派な試みが生じた。確かに、学園の広さは大胆な企ての成果に対する徴候であったが、しかし同時に新しい問題を、特に組織の経営における問題を提起した。ブルクドルフの当初の数ヶ月には実行可能であった家族的構成と父権的文化が、大規模な人間関係の場合に新しい解決の可能性が求められることなく、その限界に突き当たった。すなわち、ペスタロッチは、すべての問題で彼を頼りにしたままであった組織の構造を知ることなく、学園の避けられない中心に留まっていた。そうした条件のもとで、協力者間の衝突は、段階的に緩和するように解決されなかった。ペスタロッチの繰り返し用いられた方法、つまり心に迫る訴えと彼の近い死への指示によって学園を団結させるという手段はただ短時間の効果しか持たず、衝突は学園を害する幾つかの騒動に達するまでくすぶっていたのであった。イヴェルドンの成功の歴史において崩壊が最初にはっきりしてきたのは、一八〇九年一一月の公的な調査委員会が五日間の視察後に、確かにイヴェルドンのモデルは私立の学園にはよく適しているが、しかしスイスの公立学校のモデルとしては適していないという結論に達したときであった。

第一節　政治的争いとペスタロッチ学園の諸段階

スイスの政治的不安はヘルヴェチア共和国の全期間ずっと続き、ペスタロッチは一八〇二年の危機の年に確かなやり方で彼の自己主張と政治的状況の分析を重ね合わせ、関係づけるために特に数回執筆した。一八〇二年の秋に書かれた『我が祖国に』では、彼の政治的・教育的思想のすべての原型が現れている。最初に選んで決める筋書きが次のように記されている。「それは私には、あたかも一人の男が強い手で私の肩を掴んだかのようであったし、また私は次のような言葉を聞いた。すなわち、祖国はまだ完全に失われていない。生き、思い切ってやりたまえ。一人で始めなければならない。真理を語りたまえ」と。それから、絶望と当惑の状態が続く。「それは、祖国にその救いである何かを語ることを私の胸に沸き立たせたし、私の心をせき立てた。しかし、私はそれができなかったし、私はそれを知らなかったし、言葉が見つからなかった」。その関係で、彼は疲れ果てて夢に陥った。その夢では、昔のスイスの盟約者の姿が生き生きとしているのは偶然ではなかったし、そこでは昔のスイス盟約の調停者ニクラウス・フォン・フリューエ(一四一七年～一四八七年)が主演者である。ペスタロッチは、フォン・フリューエによる燃えるような演説で、聴衆・読者にスイス盟約者の根源的団結とそこから結果として出てくる政治的自由について、しかしまた徐々に忍び寄る市民の不平等によって生じてきた崩壊についても語っている。――この分析は、広範囲に及ぶもので、一七七九年の『我が故郷の地の自由について』におけるような分析である。すなわち、「そして彼らが……彼らの幸福の源泉、万人とともに万人の極めて密接な統一の源泉を忘れ、そして市民が農民を、また農民が市民をもはや彼と等しいものと、もはや彼の自由と彼の権利の共同設立者と見なさなくなり始めたとき」、今日人々がそのどん底を体験している崩壊の過程の警鐘が鳴らされているのである(ペスタロッチ、一八〇二年、ペスタロッチ著作集、第一四巻、二三〇頁以下)。必要なのは実際にある新しい立法で、そのためにペスタロッチは手短に彼のパンフレット『ヘルヴェチアの立法が特に着眼すべき対象についての諸見解』を公表した。焦点は、良い立法と行政、良い軍隊と公正な財政組織と並んで「合目的的な国民陶冶」である。それは――一八〇一年の『ゲルトルートはどのようにその子どもたちを教えるか』の項目設定と同じように――知的、職業的、道徳的・宗教的陶冶に分けられている（ペスタロッチ著作集、第一四巻、二三八頁以下）。

しかし実際は、スイス人たちの意見が一致しなかったし、また一八〇二年から一八〇三年の冬にはペスタロッチも指名され、選出された代表団がナポレオンによってパリに招待された。そこでの激しい議論の後に、皇帝はスイス人たちに部分的に「旧体制」の権利がふたたび回復されていた「仲介憲法」を押しつけたのであった。この決定は、ベルン政府のブルクドルフの長官が城に無条件に戻りたがったのであれば、当然ペスタロッチにとっても彼が一七九八年に追い出された城に戻るという結果を伴うはずであった。ベルン政府が強いた妥協提案は、彼にとって好都合ではなかったが、それでもブルクドルフの学園はその間に有名になったのであった。政府は、まず長官の願いに対して反対した。なぜなら、政府は、新長官ニクラウス・ルドルフ・フォン・ヴァッテンヴィル（一七六〇年～一八三二年）が危惧していた否定的な結論の判定に従ったからであった。彼に全く不満な判定は、ペスタロッチの支持がブルクドルフ時代の三年においていかに大きくなったかということを明らかにしているのである。

引用

学園が全ヨーロッパに作り出した全く特異な注目を、人はそのようにさらに考察したし、ドイツの識者群がこの基礎教授の長所をあらゆる公的な雑誌や刊行物で吹聴している真の熱中と、この狭量な多数者と公に反目する危険とを考え、またその上にフランスの識者や中途半端な識者、将軍、大臣などが受入れているということを考慮すれば、そのように国の賢明さも学園の継続には反対しないことを命じるのである。」(フォン・ヴァッテンヴィル一八〇三年、ハインリッヒ・モルフ『ペスタロッチ伝』一八八五年の引用、一五頁)。

ただ長官は少しも譲歩せず、ベルンの政府は否応なしにペスタロッチを城から追い出さなければならなかったが、しかしペスタロッチに対しては近くにあったミュンヘンブーフゼーの空いていた聖ヨハネ騎士団修道院の選択を申し出たのであった。一八〇四年夏、ブルクドルフから従う者は、ペスタロッチにとっては最初からただ立ち寄り先でしかなかった新しい非常に小規模な滞在先に向けて旅立ったのであった。そのことは、ペスタロッチがノイホーフ時代から関わった知人のフィリップ・エマヌエル・フォン・フェレンベルク（一七七一～一八四四）との協力が理由であったかもしれない。フェレンベルクは、近くのホーフヴィルというところで同様に教育施設を設立していて、その施設は後にゲーテによって『ヴィルヘルム・マイスターの遍歴時代』のなかで「教育州」として讃美されて書かれている。共同管理は、もちろんペスタロッチがまさにほとんど居合わせなかったという環境では、なおさらほとんど機能することがなかった。ペスタロッチは、彼にとって二〇年以上の滞在所となったイヴェルドンにすでに滞在していて、そこはまた創始期の成果と名誉の代わりに没落と崩壊とが替わりに引き継がなければならなかった古い城に新しい仕事場を建設したのであった。

第二節　経営問題としての成長と成功

公式にはイヴェルドンの学園は一八〇五年の秋にようやく開かれ、ペスタロッチはさらに新聞や雑誌で活動する機会を与えられた。その際には、貧民教育や職業陶冶のテーマが新たに中心を占めた。しかし、彼は自分の学園でその教育学的実践をほとんど転化することができなかった。というのは、そこでは第一に「基礎陶冶」が問題であったし、第二に教育の依頼者は常に「上流」家族の出身で、より僅かな権利しかない者の教育の意味での職業陶冶を必要としなかったからである。彼の計画と省察である「貧民教育施設の目的と計画」「貧民施設のための呼びかけ」「国民陶冶と産業について」「国民啓蒙と国民陶冶についての対談」のすべては、一八〇五年と一八〇六年に書かれたが、(さしあたり)「理論」に留まっていたし、それゆえ満たされない希望のままであった。(ペスタロッチ著作集、第一八巻)。

逆に、周辺のまず北方の国民たちと、並びにその子どもたちに可能な限りの良い陶冶ができたらと欲して、またそれをペスタロッチの学園に期待した家族の関心が増大した。イヴェルドンの初期の数年の成果は、非常に好ましい数で具体的に示せる。すなわち、一八〇五年にはおよそ二〇名の生徒たちが学園にいただけであったが、一八〇六年から一八〇七年にはすでに八〇名、そして一年後には一三四名、さらに一年後の一八〇九年には一時的に頂点の一六五名がいた。それに応じて、教師の数も増えたのであった。一八〇七年には二〇名の教師たちがいたが、その数は二年の内におよそ五〇パーセント以上の三一名になったが、その数には一〇名から三〇名の間と大きい変動を示す研究生たちは含まれていなかった。したがって、一八〇九年には二〇〇人以上の人たちが、学園の「父」としてすでに六三歳のペスタロッチとともに、イヴェルドンのこざっぱりした城中に集結していたのであった。イヴェルドンの二〇年

（一八〇五年から一八二五年）の全体としては、およそ九二〇名の生徒と三三五人の教師および助教の数に更新され得るのである。

多数の人たちと外から学園に示された高い期待と、同時に学園内の部分的に難しい職員管理は、ペスタロッチ自身がほとんど授業をしないということになった。それでもやはり授業は学園における最も多くの時間を占めていた。初期イヴェルドンの時間表に従えば、生徒たちは毎週六日間、それぞれ一〇時間の長い授業があった。つまり、散歩を含んだ二時間の昼休みによる中断を入れて、朝六時から夜の八時までの授業があった。全六クラスに関する週六〇時間の提供された授業科目に関して、その時間表の数量的な分析は、次の表のようになる。

- 言語（ドイツ語、フランス語、第六クラスではラテン語）四五パーセント
- 計算と幾何 二五パーセント
- 歌唱・図画 一五パーセント
- 宗教 六パーセント
- 地理 五パーセント
- 歴史 二パーセント
- 博物史 一パーセント

このように、授業が学園生活を占めていて、授業は明確に規定された時間単位で教授された各科目に区分されていたし、また生徒たちはクラスに割り振られ、その際クラス選択がまさにそれぞれ個人の能力や専門に従って充てられていた。資料は、包括的な「人間陶冶」そのものを示し、相対的に「通常の」時間計画として本領を発揮するように宣伝されたし、時間計画はもちろん生徒と教師たちへのペスタロッチの規則的な道徳的・宗教的な訓示によって補われていた。身体的陶冶は、毎日の散歩のなかで、同時に固有の学園の大隊――この学園の大隊では共和主義的市民軍の手法に従って教練が行われた――によって考慮されていた。この生徒大隊の旗は、もっぱら統一の図柄としてペスタロッチとの学園生活における「身体の同一性」として表現され、ペスタロッチによって何度も広められた統一に関する知識を与えている。旗は、象徴的に造形され、同時に旗銘が「ペスタロッチ」という言葉からのみ成っていたし、また絵像は一三八六年のゼンパハにおける戦いの英雄であるヴィンケルリートを示している。ヴィンケルリートは、敵のハプスブルクの長槍隊のなかに殉教者のように身を投じ、そのように命を失ったことによって盟約者たちに勝利を可能にしたのであった。下に書かれた「徳を愛して」という言葉は、表面に共和主義的な市民の理想との関連を確かにしているし、裏面での紋章は自己犠牲による救済を示唆しているヴィンケルリート――ペスタロッチの（共和主義的）方針を

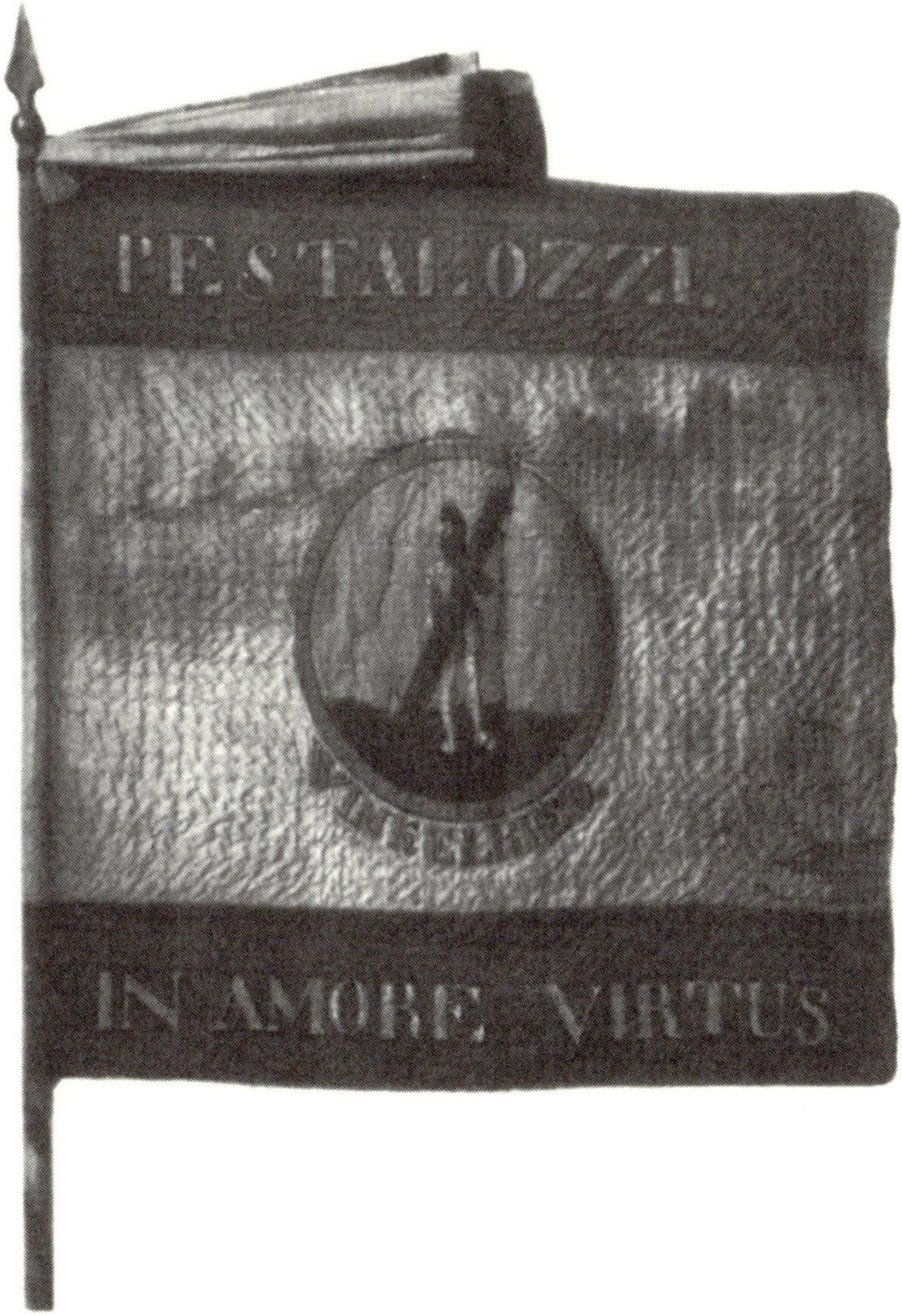
PESTALOZZI
IN AMORE VIRTUS

学園の生徒大隊の旗

認識させるものである。

相応して、職員の管理が抜け落ちた。学園における協力者たちのもとでの問題は学園に関する疑念として、またそれとともに学園の指導者の疑念として見られることになった。その際、ペスタロッチの反応は、馬鹿げた演出からでも後退することはなかった。こうして彼は、例えば一八〇八年の元旦には、棺とほんの少し前に亡くなったと称する女性の友達のしゃれこうべとともに、集められた生徒たちと全職員の前に進み、次のように語った。「ここの彼女のしゃれこうべを見なさい……ここの私の棺を見なさい。私に何が残っているというのか。私の墓の希望なのだ。私の心は引き裂かれている。私はもはや昨日あった私ではない。私はもはや昨日に享受した愛はない。私にはもはや昨日に享受した信頼はない。私はもはや昨日持っていた希望を持っていない。私はこれ以上何に生きるべきだろうか。」（ペスタロッチ著作集第二一巻、三頁）。ペスタロッチはさらに生き、それもなお一七年以上生きたが、彼はこの手段でいつまでも学園をまとめることができなかった。このことは、一八一〇年に「イヴェルドンのペスタロッチ教育施設についての報告書」が公表された時も、なお果たすことができなかった。その報告書は、近代の公立国民学校のモデルたらんとする企ての幻想に終止符を打つものであった。不成功は学園のなかの緊張を強めたし、完全にゆっくりとした変化に服した崩壊過程が始まって、一八二五年にようやく終息したのであった。

第三節　イヴェルドンのペスタロッチの教育施設に関する一八一〇年の報告書

ペスタロッチがイヴェルドンでの最初の数年に体験したであろう偉大な成果は、新しい教育学によってのみ人間は政治的・社会的な安らぎにもたらされ得るであろうという彼の立場を強めたのであった。そして、彼はこの新しい教育学が彼の「方法」において現れているということをほとんど疑わなかった。それゆえ、「方法」を広く普及させるということが全く彼の関心事に留まったままであったし、またそれは一定の制約のもとで部分的になお行われたのであった。しかし、あちこちで現実に引き戻されることが始まった。例えば、デンマークではペスタロッチの「方法」による実験化の短い期間の後に、新しいモデルが試行されたのであった。なるほど、約束した以上の方法は保持できたが、しかしブルクドルフやイヴェルドンでの学園の「精神」、つまりペスタロッチのカリスマは替えられなかったということが問題の中心であった。

外国の活動に並行して、ペスタロッチは（新たに）スイスにおける彼の教育学の国家的な支持を得ようと努力した。一八〇九年夏、彼は同盟の当時の郡長にスイス連邦の代表者会議――極めて自主的な諸州のある種の議会――が彼の学園を査定するか、あるいは「方法」が祖国のために利益があるかということを公に表明して欲しいという提案を示して説明した。ペスタロッチは、この共和主義的・愛国者的な雄弁の補完に短い第二の覚書を続け、そこで伝記的に厳しい「私の生涯の歩み」を参照にし、学園の査定はただ方法の「広がり」や「深さ」と同様に「手段」を知ったときにのみ学園の査定が意味のあるものであると説明したのであった（ペスタロッチ著作集、第二二巻）。事態に対する彼の熱意、そして審査員たちが「方法」を完全に理解できないかもしれないという懐疑のもとに、ペスタロッチは二つの添え書きによって州代表者会議がその評価の努力のなかで「役立てる」ことを求めた。第一の添え書きは、第二の添え書きが査定を実行できる能力のある専門家たちのリストがあったのにひきかえ、三七の問いを含んでいて、しかも「方法」と同時に学園に関するものであった。――その専門家たちのすべては、広い意味でのペスタロッチ主義者であった。州代表者会議によって選出された三人の審査員は、確かにペスタロッチのリストにはなかったが、しかし同調者と正当に呼ばれ得るであろう。彼らは、包括的な文書でまず学園を描写すること、さらに「方法」の長所を説明すること、第三に「学園の価値」を判断すること、第四に「学園の有用性」を判定するという任務を引き受けた。二〇〇頁を超える包括的な報告書は、五日間の「視察」に基づいて作成されたもので、事実に基づいた調子が非常に保たれ、ペスタロッチに関しては好意のあるものであった。

しかし、報告書は、部分的に外部の者には閉ざされている学園の所属員たち内部での「固有の言葉」が突然として出ていると、学園の「島国的な」性格をまさに最初に強調している。この背景を前にして、州代表者会議への報告書は学園のユニークさを認めてはいるものの、しかし模倣することのできる手本としての位置付けをしていないのである。そこから、報告書はペスタロッチの学園は公立学校のための模範の性格を備えていないという結論に達している。その理由は次のことである。

- 学園として家族的な特徴を持つこと。
- その(むしろ裕福な)依頼者に沿った授業を提供していること(このやり方ではほとんど通常の学校では実現されえない)。
- 同時に、なるほどと思わせるところの少ない教育課程を有していること。
- 方法と授業科目の理解しにくい結びつきを保持していること。

報告書のなかには、確かに幾つかの小さな賞讃が出ていないではなかったが、それでもペスタロッチの「方法」を政治的な援助によってスイスの(そして後にはヨーロッパの)公立学校制度に転用するという彼の要求は、州代表者会議の報告書によって退けられた。すなわち、「学園は、総じて我々の公立学校と調和させることに向かっていない。……学園はその道において前進しているし、公立の学園はその後を追い、両者がそう直ぐに重なり合うという見込を持ち合わせていない。」のである(グレゴリー・ギラルド『イヴェルドンのペスタロッチの教育施設に関する報告』、一八一〇年、二二五頁)。

多数の他の報告書が証明しているように、学園での授業は子どもたちが学習したもの、また彼らが「動機づけられていた」ものが機能していたし、それは確かに「方法」の理路整然さを示すものでなく、むしろ学園の枠を形成し、また学園をその見え方においてはじめて可能にした歴史的状況の集合体を示すものである。特に、教授力の動機づけに効果を現していた主要な「心的」過程は、決定的なものであった。ペスタロッチのカリスマ的流儀とまた彼の演出は、ヨーロッパが戦争の防止を改善された教育に見出すこと、またそれぞれの固有の国民を新しい学校制度のもとで安定させたいことに基づいていた。同様に、それらはまた、イヴェルドンの中央での公開がまさに「普通の」環境のもとでは期待できなかった教師たちの成果を生み出したという事情に基づいていた。教師たちは、たいてい週に五〇時間ほど授業をし、その上に世話という課題に持続的に従事していた。それどころか、彼らは夜には監視を維持し得るために、生徒たちの広間で寝なければならなかった。一八一〇年の後に、したがって視察報告書の公開の後に、幾つかの激しい諍いとの関連で、学園の開発をさらに損なうものであった教師の過重負担が認識できるようになったことは、少しも偶然ではない。吹き出した争いは、学園の不成功が公然となった後に、ペスタロッチのカリスマによってもまたもはやなだめられなかったし、最終の崩壊過程の鐘を告げる学園の不都合に至るまで、あからさまに行われたのであった。この崩壊過程の事実の訪れの数字は印象的である。公的査定のための申請の提出の年（一八一〇年）には、一六五名の生徒たちと六三名の教師たちと実習生たちが学園で生活していた。一八一一年、つまり報告書公開の後の一年で、なお八三名の生徒たちならびに四一名の教師たちと実習生たちがいた。当時の学校教育の提供者による自由市場で、消費者たちは素早く行動したのであった。

第九章　教育家の政治的遺言とその使命

イヴェルドンのペスタロッチの教育施設についての懐疑的報告書が一八一〇年にペスタロッチの学園に引き起こした衝撃は、確かに当時はそのようなものとして少しも認識できるものではなかったゆっくりとした没落へと導いた。確かに生徒たちの数は減ったし、研究生たちを送った初めの国々の関心は減じたが、しかしいつも諸国からの新しい民間や公的な代表者たちがイヴェルドンに到着した。すなわち、スペイン、フランス、オーストリア、ハンガリー、ドイツ南部の国々、後にはイギリス、アイルランドがそれである。これらの国々は一八二〇年頃に、たとえより小規模であったとしても、第二のブームをイヴェルドンに引き起こした。ペスタロッチの「方法」の必然性についての彼の確信は、また協力者たちの争いや財政的な窮地が引き起こした大きな危機の間を通じても常に変わらなかった。ヨーロッパがナポレオンの敗北後の新秩序の成立する前、スイスでもまた改革者たちと昔の秩序の支持者たちとの間の古い溝がふたたび掘り起こされたし、その結果内乱が差し迫ったのであった。ペスタロッチはこの緊張を機会として一八一五年に権利に対する探究という点で「政治的遺言」と見なされる包括的な分析を書いた。ペスタロッチの共和主義的な関心事は、彼のブルクドルフ時代の他のすべての著作よりも教育学化された様々な形でまた明瞭に現れている。ペスタロッチは、あたかもこの省察によって彼の昔の構想をふたたび思い起こしたかのように、三年後にイヴェルドンのすぐ近くのクリンディに貧民教育施設を設立した。それは、確かに不十分な資金しかなく、間もなく閉鎖されねばならなかったし、そのように学園のさらなる没落に与したのであった。

第一節　学園の不穏な年月

「イヴェルドンのペスタロッチの教育施設についての報告書」（一八一〇年）の公表は、イヴェルドンの学園における内的緊張の原因ではなく、むしろ純然たる誘因であった。前段階では、疑いなく大きな成果とペスタロッチの権威とが個人の意見の相違と組織上の欠陥を覆い隠すことができたのであろうが、その個人の意見の相違と組織上の欠陥が突然あからさまになったのであった。危機は二人のペスタロッチの協力者たちの事例で描き出されるが、彼らに違いはなかったけれども、師匠の寵愛を得ようとやっきになっていた。彼らは、学園の弱体化した指導に対してより多くの影響力を行使できるようにという目的のために、自分自身のまわりに異なった同盟を作り出した。一方の人物は、すでに言及したアッペンツェル出身の神学者ヨハネス・ニーデラー（一七七九年〜一八四三年）であり、彼はすでに一八〇三年にはブルクドルフでペスタロッチに加わり、ペスタロッチの「方法」をドイツ観念論の哲学によって根拠づけるという目標を自分に設定していた。他方の人物は、フォアアルルベルク出身のヨゼフ・シュミット（一七八五年〜一八五一年）であったが、彼は一八〇一年にブルクドルフで生徒として入り、学園内部で印象に残る出世を続けた。その出世は、彼を数学教師としての役割を超えて、最後にはペスタロッチの最も重要な協力者となるべき立場にさせた。

二人の代表的な人物の間の緊張は、言うまでもなく個人的気質によるものであったが、しかし衝突はただ「方法」の発展が世間の約束に遅れたままであったこと、また学園が有効な組織形態を展開しなかったという理由だけでエスカレートし得たのであった。この二つの弱点に対し、ニーデラーとシュミットの二人の人物は自分たちが関連する問題を解決するのに適任であると思っていた。ニーデラーは、「方法の哲学」の立案によって世間をさらに納得させようと努めていたが、それゆえ当然彼はほとんど授業の発展に貢献することがなかった。彼は、ペスタロッチと一緒になって一八〇七年から一八一一年まで『人間陶冶週報』を編集した。――その週報にはまた有名な『シュタンツ便り』の最初の掲載が認められる――その際にニーデラーはペスタロッチの原文に注釈を用意する責任があったし、またそれをいとわなかった。また、ニーデラーは「イヴェルドンのペスタロッチ教育施設に関する報告書」との関連で引き起こされた公開の論争に介入し、一八一一年に非常に鋭い著作「公衆に訴えるペスタロッチの学園」を出した。「防御の著作」を公にしたわけだが、その著作で彼はペスタロッチと学園、また自分自身を守ろうとしたのであって、そのことで論争の火になお新しい油を注ぐことになったのであった。

この時期に、ニーデラーの競争相手のヨゼフ・シュミットはすでにもはやイヴェルドンにはいなかった。彼は、実際にメンバー全員から高く評価されてはいなかったが、教師陣の委任なしに学園が確かに必要としていた組織の指導の役割を引き継いでいた。シュミットは、公的な宣伝と教育の日常生活の間の相違がいかに大きかったかをまた認識していたので、州代表者会議によって学園を評価させるのを前段階で警戒していた。彼の現実主義的な評価は、しかしまた彼の明らかにカリスマ性の少ない無愛想で尊大な人柄は、学園の多くの居住者に余り好まれていなかったし、その結果彼は一八一〇年五月にイヴェルドンを去ってブレゲンツの学校責任者になっていた。その少し前に、彼は彼の三巻の数学教本を公開したが、それは彼の師匠に敬意を表したもので、その成功は学園の名をさらに宣伝し、しかも授業という具体的な面において、（通常は幾何学と呼ばれる）『形と量の基礎』においてペスタロッチの原則に従って手を加えたのである。

確かに、シュミット不在の数年が明確にしたのは、引き締まった組織の学園を必要としたことと、特にまた財政のことを気遣っていたということであった。一八一五年にシュミットがイヴェルドンに戻った後の長い議論は、ペスタロッチの妻アンナの死の年（一二月一一日）に彼の楽天主義をひどく弱めた。それにも拘わらず、シュミットは経営の改善を組織化することに成功した。しかし、彼の帰還は彼の横柄なやり方を非常に強めたので、全くその「下士官根性」について語られたほどであった。極めて功労のあるペスタロッチの協力者の一人、ヘルマン・クリュージー（一七七五年～一八四四年）は、一八〇〇年の戦争の混乱を避けて、東スイスの子どもたちをブルクドルに引き連れてきた後ペスタロッチのために働いていたが、その頃一五名の教え子とともに学園を去って、イヴェルドンにおいて独自の施設を設立したのであった。一八一七年の聖霊降臨祭には、全く大変な騒動となった。ニーデラーは、イヴェルドンの教会での彼の説教をペスタロッチとその学園との関係を絶つことのために公然として利用していた。辛辣であったのは、彼がイヴェルドンから転居するのではなくて、学園に直に隣接した「女子学園」に移り変わったということであった。その学園は、ペスタロッチがイヴェルドンに着いたすぐ後に設立されたもので、一八一四年以来ニーデラーと結婚していて成功した女性指導者ロゼッテ・カストホーファー（一七七九年～一八五七年）に任せられていた。以後、イヴェルドンには極めて狭い空間に三つの学園が存在しなければならなかったが、衝突を和らげたというほどではなかった。訴訟が起こされ、公に争われたが、その結果は一八二四年にシュミットのイヴェルドンからの追放ということになり、それは当然すでに落ちぶれた学園にとどめの一撃を加えることになったのであった。

第二節　『純真者、誠実者、高潔者に』（一八一五年）

ペスタロッチがまたいかに内部学園の諸問題を仕事にしていたとしても、それらは彼が立ち向かっていた唯一の困難ではなかった。彼の仕事にとってはるかに実り豊かな結果をもたらすことになったのは、ヨーロッパに広がった緊張であった。この緊張は、ナポレオンの軍事的敗退とウィーン会議(一八一四年一〇月から一八一五年六月まで)によってはっきりとなった。ヨーロッパは、ふたたび昔の秩序に戻るのか、あるいは思い切ってある出発をすべきなのかという問題の前にあったし、またヨーロッパは国境がどのように引かれるべきかという問題に立ち向かっていた。スイスはまだなおいつも意見がひどく分かれていて、東はオーストリアのものに、西はフランスのものになるべきだという二分割論が脅かしていた。この混乱の関連で、ペスタロッチの若い時代の政治の社会化がふたたび活性化したし、それは彼を諸々の出来事に対する偉大な時事論を書くよう仕向けたのであって、それが一八一五年に出版された『私の時代と私の祖国の純真者、誠実者、高潔者に——時代のための言葉——』である。

同書は、有徳の共和国に関する教育学の役割へのペスタロッチの最後の偉大な言辞と言われている。彼は、この時事論のために「チューリッヒの市民」としての前書きを刷らせたが、本文とともには出版されなかった。この前書きのなかでは、——少なくともスイスに当てはまる——彼の同胞的・市町村的な共同体生活の優遇が、同様に彼の共和国に対する優先が表現されている。彼は、そのなかで現在の諸問題は長い歴史的過程の結果として理解されるべきものではなく、またフランス革命において基礎づけられているのでもなくて、人間本性が教育によって強化されるならば問題は人間の本性の内部にある対応手段が見つかるであろうことを繰り返している。それに加えて、スイスの未来について思慮の足りない同国人たちの敵意ある表明は外的操作の結果なのであって、決して完全な内的腐敗の結果ではないと、彼は争いあう彼の同国人たちを擁護している。ペスタロッチは、ナポレオンを制圧した勝者たちがその優勢さを手に入れたのは教育の分野での努力のお陰であるということを――全く不遜に――確信しているのである。その際、ペスタロッチは誇り無しにはイヴェルドンにおけるヨーロッパの諸王家との接触に言及していないのである。

この序の後に、著者は政治の主要目的を話題にしていて、その主要目的は今や六八歳のペスタロッチにおいても三四歳のペスタロッチの理想とほんの僅かな違いしかない。――それは、あたかもその間にアメリカやフランスの革命もなければ、またヘルヴェチアの革命もなかったかのようである。ペスタロッチが変えないのは、政治は特に個々の世帯を守らなければならないということであって、その際にこの理想は原則的にはまた君主制においても置換されるのが当然である。これに関する例として、ペスタロッチはマリア・テレジア（一七一七年～一七八〇年）に目を向けている。彼女は、一七八〇年頃にペスタロッチにより尊敬されていたヨゼフ二世の母であり、彼女はハンガリーの最大級の苦境のなかで、国民がいかに一つにされるべきかを知っていて、それゆえ何に対しても良く整えられた共和制のあの現実性に劣らない政治的現実を創造したのである。したがって、ペスタロッチはスイス、また特にチューリッヒを話題にすることができたのである。農民との「内的および外的な共同体」のことをふたたび考えることがチューリッヒに呼びかけられ、その際そのための唯一の手段が教育で可能なのである。すなわち、「私の政治の初めと終わりは教育なのである」。

引用

この関連で、ペスタロッチは自らを有徳の共和制の意味で共和主義者だと宣言している。

「私はなおそれ以上に語ろう。――私は一人の共和主義者であるが、しかし大国のための共和主義者ではない。私は、小さいが、高潔な共和主義的に組織された都市の、地方民のための共和主義者であり、それについて私は言おう。すなわち、卓越した権力の神聖なものがその都市の民、地方民のなかで彼らをある高みに向けて高めることができるのである。彼らを心理学的に個人の醇化に向けて影響する実り豊かな影響は、拡大された規模の君主制においては達成できないのである」（ペスタロッチ著作集、第二四巻A、一〇頁）。

高貴な有徳の共和国に対する鍵は、一面で政治における必要条件としての権利関係を作り出すということにある。その面で、人々が経済的に安定した収入を持つことを、また互いに余りに極端で大きな社会的差別が発生しないことを可能にするのである。職についている父によって経済的に健全に扶養された「居間」において、母と子の間の信頼関係が特に形成されるのであり、その信頼関係において子どもが自然に発達し、また宗教的に刻印された徳へと成熟するのである。まずひとたび成長すれば、子どもは彼の同胞との関係の市民的理解を有するようになり、そしてその基礎に基づいて有徳の共和国を新たな高みへと導くことに寄与するのである。ペスタロッチがイヴェルドンで自ら組織したような学園生活は、共和国の教育学的再生のこの構想のなかには、興味深い仕方では現れないのである。学園は、彼の構想では母と子の幸せのための真の教育学研究の場となっていたのであり、明らかにペスタロッチがまだ一八〇九年に考えていたような公立学校の模範ではもはやなかったのであった。有徳の共和国の再生のために不可欠な教育学は家で始まり、またそこでその最も大きな影響を持つのであり、学校によっては基本的に変えられ得ないのである。その教育学の中心に位置するのは、養成された教師たちではなくて、むしろ「方法」によって励まされて手ほどきされた母親たちなのである。

第三節　新しい貧民教育施設

古くから勤めていた協力者や教師たちの幾人かの離脱の後、ヨゼフ・シュミットは学園での主要人物となった。彼は、財政的危機の解決のためにペスタロッチの「全集」の出版に関して相当金額の五万フランを彼に渡す契約を、シュトゥットガルトの有名な出版社コッタと契約取引することを講じた。その版は、一八一九年から一八二六年にかけて一五巻で出版された。しかし、その金をペスタロッチは彼の学園の再建のために用いなかったし、むしろ――シュミットには大変不快な――ペスタロッチが一〇年前に僅かしか関わることができなかった貧民教育施設の設立計画のために用いたのであった。貧民たちをその生計の確保のために養成することは、特権を与えられた者たちの共和制の主要な義務であったし、また変わりなかった。なぜなら、教育に関するその基礎においてのみ、徳が形成され得たからである。

そうこうするうちに七二歳になったペスタロッチは、一八一二年九月にイヴェルドンから歩いてほんの僅か数分しか離れていないクリンディに、孤児と家族から追い出された一二人の子どもたちとともに施設を開いた。ペスタロッチはあたかも貧民教育における長年の禁欲を保っていたことに対するやましさがあるかのように、この見晴らしの良い家に関与した。この家の組織要件は、大きな学園よりもはるかに彼の意に沿うものであった。ただ僅か数ヶ月も経たないうちに、クリンディの施設はおよそ三〇人の子どもたちに増加し続けた。しかし、この施設はシュミットの影響下のもとに、手工や初期産業の職業陶冶の方向に展開したのではなく、むしろ地方の学校のための教員養成の場として定着した。生徒たちは、陶冶された貧民として、地方の学校の教師として、自ら貧民を教育し陶冶することへ養成されるはずであった。堕落した共和国における社会的不公平の克服の教育学化は、それによって頂点に達してペスタロッチを幸福にした。彼は、旧友のニコロヴィウスに宛てて一八一九年に手紙を書いた。すなわち、「私の仕事は救われています。神が仕事を救ったのです。私の貧民施設においては、仕事がある力とある確かさをもって花開いています。この力と確かさとは、私にとって私の現在の生活の時々を極めて明朗に祝福するのです」。その際、彼はシュミットとその姉カタリーナ（一七九九年～一八五三年）――彼女はペスタロッチの孫ゴットリープ（一七九七年～一八六三年）と一八二二年に結婚することになる――の私利私欲のない関与を賞讃している。「私は幸福です。私がかつてあった不幸な状態と同様に、今や私はそのように幸福なのです」（ペスタロッチ書簡集、第一一巻、三一一頁）。

　しかし、財政的問題はさらに続いたままであった。シュミットは、クリンディの貧民施設をイヴェルドンに移すことをペスタロッチに承服させた。その結果、城には一八一九年から結局二つの施設が平行して存在した。まさに、この時期にペスタロッチの「方法」へのイギリスの関心が高まった。そのことで、イヴェルドンには実際「イギリス集団」が形成されたし、それどころか特別のホテルも建てられたのであった。極めて重要な仲介者たちのなかに、失敗した商人で後の初期社会主義者ジェームズ・ピイアーポント・グリーヴス（一七七七年～一八四二年）がいた。彼は、一八一八年から一八二二年まで自らも学園の教師であった。同様に、一八一九年から一八二二年までイヴェルドンのイギリス集団を指導していたイギリスの神学者チャールズ・メイヨー（一七九二年～一八四六年）もいた。イギリス人たちは、すでに一八一〇年に始まっていたゆっくりとした没落の進行のなかでイヴェルドンの学園をたとえ小規模であったとしても最後の頂点へと導いた。彼らは、もちろん学園の財政的な点での軽減のために面倒をみていただけでなく、むしろある意味で、新しい問題の面倒もまたみていたのである。イギリス人たちは「良い家柄」の出身であったので、養成のための多額の費用を支払ったのである。他方で、クリンディの子どもたちには当然のこととして支払わせるべきではなかった。ペスタロッチが裕福な家庭の子どもたちを安心させるために行った措置は、つまり貧しい子どもたちを彼らの滞在のために働かせ、部分的に富裕な家族の子どもたちに付き添わせるという措置は、ただなお緊張を増幅させただけであった。豊かな家庭の住人たちを応対すべきであった貧しい家庭の子どもたちは、学園生活の枠内で彼らの従属した役割を当然ただ不都合であると解したのであった。

明らかになったのは、一つの屋根の下で相対的に僅かな社会的違いと、兄弟のように友好的に交わる市民たちとを含めた共和制の大きな政治的・社会的構想を、イヴェルドンそのものにおいて成し遂げることが困難であったということであった。異なった「階級」出身の子どもたちの違った陶冶要求と、学園での子どもたちの困難な社会的共同生活は、かつての協力者とペスタロッチの間で公然と行われた争いやニーデラーの女子学園と学園の手間のかかる訴訟によって弱められたペスタロッチの企ての評判に関与したし、いずれにせよさらに損なうことになった。七五歳を超えた指導者自身がますます頑固になり、また盲目的に彼の協力者シュミットを信頼したことは、イヴェルドンの事態をまさにまた緩和させることができなかった。ペスタロッチの訴訟が勝利したときでさえも――一八二二年から一八二三年にイギリス人たちがイヴェルドンから帰路についた後――学園は崩壊寸前の状態にあったのであった。

第一〇章　確信、没落と始められた崇拝

一八二〇年になってから、ヨーロッパはペスタロッチの政治的・教育学的な構想から大きく異なった保守主義的な理念によって特色づけられ、またそれに応じて「方法」を求める需要は僅かしか生まれなかった。そのうえ、ペスタロッチの個人的状況は、小さな都市イヴェルドンにおけるやり方を毒された生活、つまり争いによって規定されていた。その間は、もうただ僅かな生徒たちしか住んでいなかった学園の前進については、もはやほとんど考えられなかったし、またペスタロッチが七五歳を超えていたのでなおさらであった。ペスタロッチの協力者ヨゼフ・シュミットがヴォー州から離れなければならないという、最高官庁の運営の決定は、ペスタロッチに学園を一八二五年閉鎖させ、またペスタロッチをノイホーフに戻らせることにした。しかし、彼はそこにつましく住みつこうとはせず、むしろ――新たに――貧しい子どもたた

ちのための教育施設を開こうとした。その目的のために、彼は彼の農場の並びに子どもたちが宿泊するはずであった新しい建物を建てた。もちろん、能力はもはや足りるはずもなかった。ペスタロッチは、一八二七年二月一七日に小都市ブルックの近くにいた医師のもとで亡くなったのであった。ペスタロッチの死に関しては、彼の以前の名声のときよりも公表は控えめで、むしろ僅かしか報告されなかった。それだけに、およそ二〇年後の彼の一〇〇歳の生誕日（一八四六年）に、「方法家」としてではなく、教育の分野に関与した人物としてペスタロッチを熟考することが始まり、それが一〇〇年以上にわたって持続していることは驚くに値する。ペスタロッチに対する、また彼に関する著作物の創作は予想外の規模となったし、それは一部では説明するのが困難な盲目的礼賛によって刻印付けられている。しかし、それはペスタロッチが教育と陶冶の役割についての概念をいかに強く現代の諸国民に刻印づけてきたかということに対する一つの証しである。

第一節　イヴェルドンにおける学園の最終的崩壊

ナポレオンの敗北とウィーン会議をもって、ヨーロッパでは著名なペスタロッチの敵対者の法学者カール・ルートヴィヒ・フォン・ハーラー（一七六八年〜一八五四年）によって「王政復古」と題された時代が始まった。この王政復古は、一八二〇年以後ますます強く保守的で硬直した形態となったし、また経済的に保護された家族というペスタロッチの共和主義的な構想は王制復古の時代精神にはむしろ縁遠いものであった。その結果、いずれにしてもかつて期待されて学校教育学と見なされていた以上のペスタロッチ教育学への外国の「需要」はもはやほとんどなかった。常に落ち込む成果は学園への不安を激しく高め、学園はますます横柄な態度をとるヨゼフ・シュミットによって絶え間なくさらに不和の争いの状態となっていたが、とりわけペスタロッチは高齢でもはやほとんど指導することができる状態ではなかった。シュミットを教師陣から遠ざけるという当時の同調者のすべての試みも、シュミットに隷属しているという証明でもあったペスタロッチの拒否により失敗した。ペスタロッチは、さらに加えられた彼の友人たちの良く考えられた忠告に圧迫されてみるみる世間から孤立し、また彼とシュミットをなんらかの方法で見下したすべてに対してただ頑固な抵抗を展開したのであった。

そのようなわけで、もう僅かしかいなかった研究生たちの報告書は、また大いに疑問として印象づけられたし、――まさにプロイセンの場合――かつてのペスタロッチの親しい友人であったゲオルク・ハインリッヒ・ルートヴィヒ・ニコロヴィウス（一七六七年〜一八三九年）が文化事業の部門長であったとはいえ、交流の最終的な衰退へと導いたのであった。一八二二年頃のプロイセンの研究生たちとイギリス人集団の退居のあとに続いた財政的な落ち込みは、内的緊張と並んでペスタロッチが立ち向かわなければならなかった唯一の問題であった。さらに加えて、彼は州の官庁に対し彼自身の学園の不足した支援とまさに大きくなりすぎていたイヴェルドンの他の学園――ニーデラーの学園とクリュージーの学園――の不当な要求を非難して州の官庁と不仲になった。官庁はまず抑制的に働き、そしてペスタロッチが自ら望んだ効果、つまり官庁による両方の競合学園の閉鎖には導かなかった。緊張は増大し、学園のかつての生徒エレミアス・マイヤー（一七九八年～一八五二年）は、「ヨゼフ・シュミット氏は学園をどのように指導したか」（一八二二年）と「ペスタロッチの友人たちへ」（一八二三年）を出版することで、さらに火に油を注いだ。後書は、同様に論争していたシュミットの『ペスタロッチの生涯の運命における真理と誤謬』（一八二二年）に対する一つの回答でもあった。

これらの（そしてさらなる）出版が受けた大きな関心は、国家評議会や州の行政府に行動を起こすように強いたのであった。シュミットは、争いの主たる原因と見なされ、一八二四年一〇月六日にヴォー州の地域から追放された。ペスタロッチの抗議とシュミットを帰還させるという提案は、策謀や陰謀の疑いの論拠を示すものであった。同時に、その通りに運ぶことになれば、彼ペスタロッチはシュミットとともにヴォー州を離れる・「彼と一緒に州を去る」（ペスタロッチ書簡集、第一三巻、一八三頁）という脅迫を伴っていた。ペスタロッチは市当局に対して、市に対する彼の大きな功績を参照させ、それによって彼が有していた彼の財政的経費すべてに関する金銭の返却を望みたいという、威嚇を伴った意見を繰り返し始めた。一八二五年の年頭に、彼がイヴェルドンから実際にノイホーフの方面に去ったとき、彼は後継者が城で彼の「方法」をさらに発展させるであろうと信じたのであったが、しかし市当局は城の使用についての彼の要求がイヴェルドンからの退却とともに失効したと彼に知らせたのであった。

ペスタロッチは、ノイホーフにおいて彼をなおシュミットと緊密に結びつけた「新しい」家族が目の前にいるのが分かった。なぜなら、シュミットの姉カタリーナ（一七九九年～一八五三年）が一八二二年にペスタロッチの孫ゴットリープ（一七九七年～一八六三年）と結婚していたし、二人はノイホーフで生活しており、その結婚からペスタロッチの唯一の曾孫にあたるハインリッヒ・カール（一八二五年～一八九一年）が生まれていたからであった。一八二五年の年末と一八二六年の年頭に、彼の孫ともう一度イヴェルドン城に根をおろすという彼の試みは失敗したので、彼はノイホーフに留まらなければならないことに甘んじた。それでも、彼は一八二六年一月一二日の八〇歳の誕生日に、損なわれた自分の価値の感情を良くした幾つかの賛辞を経験した。もちろん、それによって極めて自分勝手な著書『ブルクドルフとイヴェルドンにおける私の教育施設の責任者としての我が生涯の運命』（一八二六年）を出版するのを妨げなかった。同書のなかで、彼は固有の方法で自分自身をシュミットとともに初めて真に強くなったお目出たい者として表現している。この驚くべき方向転換は、シュミットの防御においてペスタロッチが敵と見なしたすべてに対する周囲の攻撃に身構える基盤をペスタロッチに与えている。同書は、全般的に困った当惑としての僅かな反発しか呼び起こさず、すでに下された判断を決定づけたのであった。つまり、ペスタロッチはもはや実際に責任能力がないという判断を決定づけたのである。もちろん、例外は当然としてあったし、例外はペスタロッチが一八二七年に相手を激しく攻め立てた公開の抗弁の書である。

第二節　ノイホーフにおける最後の新たな始まりと結末

シュミットは、この時期には彼の師のために新しい敷地を手に入れるのにフランスとイギリスに滞在していた。また、ペスタロッチは『生涯の運命』のほかに論争から離れて「方法」の基礎をもう一度、また注目すべき明確さで論究したさらなる著書を公刊したが、そこでもまた冗漫な伝記的補足なしには済ませなかった。『白鳥の歌』という出版書の題名は、ペスタロッチの間近い終わりを示唆しているように思われる。それにもかかわらず、彼は「方法」のさらなる発展に取り組んでいたし、特に言語の習得の単純化に、また彼のネットワークを新たに活気づけようと全力を込めた手紙によって試みたのであった。『生涯の運命』と『白鳥の歌』という二つの著書の公刊のほかに、八〇歳のペスタロッチは一八二六年に七〇以上の書簡をすべての世界に書いたのであった（ペスタロッチ書簡集、第一三巻）。

もちろん「方法」の推敲と普及は、確かにペスタロッチの「一つ」の意図に過ぎなかったし、他の意図は不当な扱いを受けた人たちのための配慮であった。一八二五年の半ばに、彼は「ノイホーフにおける産業施設」のために――彼の最初の試みから五〇年経って――新しい計画を起草した。そのなかで、彼は（もう一度）農耕と産業と教育を統合しようとしたが、その際に彼は自ら「彼の青年時代」についてどうして失敗したか（ペスタロッチ書簡集、第一三巻、二七三頁～二七五頁）を意識していた。この目的のために、ペスタロッチは彼の家屋敷のほかにもう一軒の家を建てることを始めたし、そこに彼は貧しい子どもたちを受け容れることを考えていて、それはもはや変えるはずもない計画であった。その上、彼は、「民衆書店」を促進する計画を追い求めた。それは、今日言われるような「民衆本出版社」であり、「民衆に精通している者たち」に助言を求めたもので、「役立たずで、民衆の読書の楽しみのすべてに蔓延している堕落から醇化された」ものである。同様に「美術コレクション」があったが、それは民衆に基礎的で必要な分別を仲介するもので民衆を「その真の民衆文化とその実際の人間化に」導くはずのものであった（同前書、二七六頁）。――それらは、もはやすべて一緒に実現されない大きな計画であった。

一八二六年には、ペスタロッチが好ましい健康状態であったことを諸々の例証が証明している。それで、彼はノイホーフを民衆再生の教育学の中心にすることを当てにすることができた。一八二七年の初めに、確かに彼についての書物が出版され、それは明らかに彼に極度の衝撃を与えた。同書は、当時二五歳のヴュッテンベルクのエドゥアルト・ビーバー（一八〇一年～一八七四年）によって書かれたもので、彼は一八二三年から一八二五年までイヴェルドンのニーデラーの学園に教師として働いていた。『ペスタロッチの伝記に対する寄稿』という表題を持つ三〇〇頁以上もある著書は、ペスタロッチの『生涯の運命』に応答したものであった。ビーバーは余りにも明らかに、『生涯の運命』のなかで酷く責められていたニーデラー夫婦の代弁者になっていた。ビーバーは、すべての私文書や法的な文書に目を通していて、事後にニーデラーの弁護人として戦った。ニーデラーからシュミットへのペスタロッチの方向転換は裏切りと説明されているが、それはペスタロッチの弱さとシュミットの陰険さに基づいていたのである。しかし、多くの他の論争とは違って今また批判の中心に位置していたペスタロッチに対して、『生涯の運命』の結末に関する重大な過ちや誤謬と全目録があからさまな批判を浴びせられたのであった。

ペスタロッチは、憤慨し、驚愕し、感情を害して直ちに反応した。手稿は、彼が夢中になっていたに違いないし、数ページを超えて羽根ペンをインクに沈めるのを忘れていたことを外見が明らかにしている。それで、節全体がインク無しの「彫り込まれた文字」として読まずにはいられない。その結果は、新たな苦悩が中心に動いている典型例である。「ああ、私は筆舌に尽くしがたく耐えています」と始まっている一八二七年一月末の彼の最初の手記は、世間が彼の仕事に対して恩知らずの感情を持ったであろうことを明らかにしている。

引用

「人は、高齢の非力で病弱な男をはねつけて侮辱し、今やその男をただなお役に立たない道具として見るだけです。このことは、私のために私を痛めるのではありませんが、しかし私を痛めるのは人がまた私の理念までもはねつけて軽蔑し、そして私にとって神聖だったものを、また私が私の長い苦悩に満ちた生涯の間に苦心して取り組んできたものを、足蹴りにするからです。死は無です。私は喜んで死にましょう。なぜなら、私は疲れているし、最終的に安らぎを得たいからです。しかし生きてきたこと、すべてを犠牲にしたこと、何も達成しなかったこと、常にただ苦しんでいたこと、何も達成しなかったし、すべてが粉々に打ち砕かれているのを見ること、かくしてその仕事をもって墓に身を沈めること、……ああ、それは恐ろしいことです。私はそれを表現できないし、私は喜んでなお泣きたかったが、もはや涙が出てきません……そして圧迫され、軽蔑されて追放された私の貧民たちよ、……貧民よ、人はまたあなた方を私と同様に捨て、かつ追放するでしょう。」（ペスタロッチ著作集、第二八巻、三五一頁）。

第三節　死、静寂、そして始められた崇拝

彼が彼の立場でもはや完成できなかった反論は全く必要でなかったかもしれないということを、ペスタロッチはもはや当然経験できなかった。けれども、ビーバーの書はほとんど異口同音の否定的な反響を惹起し、その結果シュミットがすべての争いからふたたび強くなって現れ

た。昔のペスタロッチの批判者たちさえも「中傷文」を拒んだし、またニーデラーも長い期間にわたって憤慨の高まりを静めることに関わったのであった。ペスタロッチがかつて女子学園の指導者としてイヴェルドンに招いた彼の妻のロゼッテ・ニーデラー・カストホーファーは、あからさまな憤慨の結果としてペスタロッチに一通の手紙を書いた。そのなかで、彼女は異常なほど悪意のある仕方で、すべての責任はペスタロッチにあるとふたたび罪をきせた。もちろん、その手紙はもはやペスタロッチのところに届くはずもなかったが、けれどもその手紙は彼の死の日に初めてイヴェルドンからノイホーフに送付されたのであった。

一月の終わりにペスタロッチの健康状態はひどく悪化した。二月一三日、かかりつけの医者は幾つかの障害と全般的な衰弱や、実際また炎症を起こした目や不眠と膀胱の弱まった筋肉組織、同様に便秘を診断した。——それらは、ビーバーの攻撃に対する反論に向けての、ペスタロッチの中断することが無かった活動に起因するものであった。二月一五日、状況は非常に深刻になったので、ペスタロッチは彼の孫ゴットリープとその夫人カタリーナによってソリでブルックへ運ばれた。それは、ペスタロッチが何でもないように見えたとしても、医者の援助の近くにいるためであったし、ノイホーフにまた彼が戻るためでもあった。しかし、二日後の二月一七日の朝に、彼は死去した。医者の報告に従えば、安らかでゆったりとしていた。ペスタロッチは、一八二七年二月一九日ビルの古い校舎のそばに厳粛に埋葬された。この式には、実際ペスタロッチの（かっての）名声にほとんど相応しくない様子の名士たちがずっといた。ペスタロッチは、苦しみから自由ではなく、最終的には使われることもなかった次のような墓碑銘を自ら起草していたのであった。すなわち、「彼の墓の上にバラが咲くであろう。その光景は、彼の苦しみのもとで乾いたままであった瞳を泣かせるであろう。」（ペスタロッチ著作集、第二八巻、三八〇頁）。

ペスタロッチの死後、ペスタロッチの精神的後継者をめざして多くの志願者がいたが、すべてにシュミットが先行していて、ペスタロッチは一八二七年二月一五日の最後の意志決定において、彼を自分の計画の執行人として決めていたのである（ペスタロッチ著作集、第二八巻、三七五頁から三七九頁）。しかし、ニーデラーもまた宥和的に振る舞い、そして新聞も故人の生涯に関して敬意を込めて報じた。さらに、スイスは一八三〇年頃に「復古」が終わって、多くの州で人々に新しい憲法と同時に（代議制の）民主主義を与えた「刷新」の前夜にあった。この政治的変化によって必然的となった学校制度の再編成において、ペスタロッチ主義者たちは確かにまだある一定の役割を演じたが、しかし最終的には常に居間の教育と同時に母親たちがねらいであった「方法」の構想は、実際近代的な学校制度に適合しなかった。――この批判は、まさに一八一〇年に「イヴェルドンのペスタロッチの教育施設についての報告書」のなかで表明されていたし、何も真実を損なうものではなかった。

「刷新」は決して直線的に進行しなかったし、また州とスイスは全体として多くの政治的転覆と争いを被らなければならなかった。学校と教育学は、そのなかでただ従属した役割のみを演じたし、また特に宗教教育の領域では討論されていた。一八四〇年代の中葉に、小さかったが内部スイスの進歩的改革派の州とカトリックの州との間で一つの内乱があった。それは、前者の進歩的改革派の州の勝利とスイス連邦の憲法の議決（一八四八年）とともに終わった。その少し前に、ペスタロッチの生誕一〇〇年祭が催され、それは確かに特にドイツで、とりわけペスタロッチにその「階級の崇高さ」に階級の政治的関心の貫徹のために非常に良く適合した船首像を見いだしていた教師団によって挙行された。このペスタロッチ・ルネッサンスについて指揮権があったのは、数あるなかで一八二〇年代の終わりにニーデラーとともにすでにペスタロッチの「方法」の正しい解釈について公然と心掛けていたアドルフ・ディースターヴェーク（一七九〇年～一八六六年）であった。ただし、ドイツのペスタロッチ主義者たちはペスタロッチの誕生年について思い違いをしていたので、式典をすでに一八四五年に設定していた。それでも、スイスの教師団は、その間ほとんど忘れ去られたペスタロッチの一〇〇年目の誕生日を正しい時期――一八四六年――に、荘重に祝ったのであった。

　このことと同時に、教育学の「崇高なもの」へのペスタロッチの「上昇」が始まったし、教育の事象に関する全体的な関与の背景の前で常に引き合いに出される礼賛像への上昇が始まったのである。「方法」は、出版で非常に簡単に追体験される人物よりも、ほとんど関心の中心にはなかった。ペスタロッチないし彼の「方法」を引き合いに出した教科書は一八四〇年以後消えたし、それに反して伝記と関連した著作の版――『隠者の夕暮』（一七八〇年）、『リーンハルトとゲルトルート』（一七八一年）、『シュタンツ便り』（一七九九年）――が増版された。ペスタロッチがドイツにおける近代の国民学校の生みの親――そして後には社会教育学の祖先――に様式化された一方、彼はスイスでは一九世紀の終わりの頃、カトリック信者と改革派の間の「文化闘争」の緊張のなかで、依然としてまた国民の調停者の役割を持つようになった。その役割とは、彼自身が確かに喜んで見ていたかもしれないし、また自分自身で見た役割である。連邦評議会が一八九六年とまた後の記念祭式典の組織委員会の議長を務めたことは、当然なことであった。

　階級政治的に、また国民的に導かれたペスタロッチ像に関する関心は、即座にペスタロッチに関する研究と混じり合ったし、しばしばまたペスタロッチに関する研究の命名の親となった。

また、たとえそれが時には固有の救済の類いに達したとしても、例えばジークフリート・ベルンフェルトの「シジフォスあるいは教育の限界」(一九二五年)のなかのように、研究の大多数は結果として賞讃と説明の切り口の領域から展開したのであった。しかし、ペスタロッチ自身がすでに普及することに成功し、政治社会的に関係した生涯と著作の価値の独特な取り合せは、著作の歴史的分析の可能性を強く制限したのであった。ペスタロッチの同時代の背景で著作を再構成するために、特に彼の極めて共和主義的な、すなわち政治的・倫理的な定着を正当に評価するためには、苦しみと救済のプロテスタント的常套句が「論証」を極めて強く支配したのであった。それでも、一九九六年の生誕二五〇年式典に際して、こうした再構成への研究が明白に打ち立てられたのである。それは、その後出版されているペスタロッチに対する適切な研究のための土壌を提供している。もちろん、その研究が後まで残る影響を持つか否かは、未来が初めて指し示すであろう。

監訳者あとがき

本書は、ルクセンブルク大学教授ダニエル・トレェラー（Daniel Tröhler）の著書『ヨハン・ハインリッヒ・ペスタロッチ』（*Johann Heinrich Pestalozzi*, Haupt Verlag,Bern・Stuttgart・Wien, 2008）の邦訳書である。

原著者は一九五九年にスイスに生まれ、一九八五年までチューリッヒ大学の教育学科において主任のフリッツ・ペエーター・ハーゲル教授のもとで「ペスタロッチにおける文化と文明」をテーマとして研究し、一九八七年に博士号を取得している。現在、彼はルクセンブルク大学教授であるが、監訳者がチューリッヒ大学教育学科に留学した一九九五年当時は三〇歳代半ばでハーゲル教授の助手であったが、ペスタロッチのセミナーや精神科学の研究方法等の科目を担当し、同時にペスタロッチアーヌムの研究所でペスタロッチの著作や書簡の校閲・翻刻に従事していた。

トレェラーによれば、彼は一九九六年のペスタロッチ生誕二五〇年祭の企画立案に参画していたようで、その後彼はその成果をまとめて共編著書として出版している。ペスタロッチ生誕二五〇年祭の翌年の一九九七年一〇月一五日、彼の指導教授ハーゲル博士が五八歳の若さで急逝し、助手としての彼は身分的にも大変であったと思うが、チューリッヒ大学教育学科の教授にベルン大学からユルゲン・エルカースが就任し、そのもとで彼は研究に勤しみ数冊の研究書をエルカース等との共著で出版している。本書の原著を出版した頃、彼は五〇歳でチューリッヒ大学ペスタロッチアーヌムの歴史教育研究所の教授としてペスタロッチ研究に当たっていて、いわば本書の『ヨハン・ハインリッヒ・ペスタロッチ』は彼の壮年期の頂点の成果であると言って良いであろう。すなわち、ペスタロッチの伝記を書くというのは、それまでの彼のペスタロッチ研究の蓄積の総括とも考えられるのであって、ペスタロッチ研究者として相当評価されてのことと言えるのである。

そこで、本書の内容や特質を若干指摘しておこう。第一に、本書は原著者がスイスに生まれ育ち、チューリッヒ大学に学んでペスタロッチを研究したペスタロッチの同国人による伝記であり、特に長年に亘ってペスタロッチの手書き文書の翻刻に当たってきた原著者による豊富な一次文献に基づく濃密な著作であるということである。また、第二に本書はこれまでの事実史の多いペスタロッチ伝とは異なり、原著者の長年の問題意識であった「ペスタロッチにおける文化と国民の改善」が「真の教育の領域である」とし、とりわけ「人間生活の政治の領域である社会や国家」を問題にして「ペスタロッチの政治思想と教育思想を統一として理解」するなかで本伝記を著しているということである(以上の括弧書きは、本書の「日本語版の序」で彼が書いているように、二〇年余り前に彼の最初の著書を監訳者が翻訳した際に、彼が寄稿した「日本の読者に」の一文の引用である)。つまり、本書はペスタロッチの同時代の欧州大陸の時代状況と、とりわけスイスの歴史や一八世紀のチューリッヒの経済・社会・政治状況との関連からペスタロッチの活動と思想を浮き彫りにし、彼の生き様とともにその教育思想や政治思想を論究していることである。そして、第三にはペスタロッチの活動史における成功の事象だけでなく、むしろ失敗と挫折や葛藤の生涯を叙述するなかで、彼の思想の本質が時代状況に必ずしも適合し得なかったことや生かされなかったことが指摘され、さらに終章で始められたペスタロッチ崇拝とその後のペスタロッチ像をカルト的に捉えてきた問題点を指摘し、生誕二五〇年祭以後のペスタロッチ研究の在り方を提起していることである。いずれにしても、本書は現在の世界のペスタロッチ研究において高水準にある原著者の書であり、百年余りの間に出版されたペスタロッチ伝のなかで数え挙げるに値する書と言えるのであって、それが本書の翻訳の契機となっているのである。

訳出にあたっては、前半の第一章から第五章を宮崎大学の椋木香子准教授、後半の第六章から第一〇章を帝京科学大学の大沢裕教授が分担し、「日本語版への序」と序章を、また原著の年表と索引を乙訓稔が訳出した。監訳にあたっては、乙訓が数回に亘り全訳稿と原著に当たり推敲した。その過程で、初めて翻訳に携わった両氏にはいろいろ注文をつけ、その往復のやりとりに伴って結果として二年余りの月日を費やした。訳出には、両氏にも述べたことであるが、例文の多い大きな辞典にあたり、文法に忠実であること、また原文に忠実であることを心掛けた。

「翻訳は横の文を縦に直すだけだ」と安易に言う向きもあるが、その実は（訳者の両氏も感じたであろうと推察されるが）見識をはじめ細心の注意と大変なエネルギーを必要とする仕事であって、そのことは翻訳書の出版経験のある研究者にはお分かり頂けると思う。また、研究者によっては翻訳が多くの時間をとり、誤りのリスクがあるので「翻訳などは絶対にしないほうがよい」と言われるが、本書もそのような思わぬ誤訳や不適切な訳がないとは言い切れないのであり、そうした点についてはご教示をお願いする次第である。

終わりになってしまいましたが、東信堂下田勝司社長には版権取得から出版に至るまで大変な御便宜を頂いたことをここに記して厚く御礼申し上げ、また編集では同社の向井智央氏に誠意のこもったお世話を頂いたことに改めて感謝致したい。

二〇一四年 初秋

東京・日野の寓居にて　　監訳者　乙訓 稔

原著年表

一七四六年　一月一二日、チューリッヒに生まれる。

一七五四〜一七六五年　ラテン語学校、コレギウム・フマニタティス、コレギウム・カロリヌムに通う。愛国的、文化批判的な考え方を持つ道徳・政治、歴史の団体の会員。

一七六六年　『アギス』を初めて公表。

一七六七〜一七六八年　キルヒベルクのヨハン・ルドルフ・チッフェリーのもとで農場経営の見習い修業。

一七六八〜一七六九年　ビルフェルトに土地を購入、ノイホーフ建設、アンナ・シュルテスと結婚。

一七七〇年　八月一三日、息子ハンス・ヤーコプ誕生。

一七七三年　ノイホーフで初期産業の生産。

一七七七〜一七七八年　『ノイホーフ便り』の公表。

一七七九〜一七八〇年　ノイホーフの財政破綻。

一七八一～一七八七年　『リーンハルトとゲルトルート』の四部作を出版。
一七九七年　『探究』の出版。
一七九八年　一二月五日、シュタンツの孤児院の指導者に任命される。
一七九九年　六月、シュタンツの孤児院、政府によって閉鎖される。理由は野戦病院として必要とされたからである。
一八〇〇年　ヨハン・ルドルフ・フィッシャーの後継者となる。ブルクドルフ城で「国民学校」(教師養成施設)を設立。
一八〇一年　『ゲルトルートはどのようにその子どもたちを教えるか』出版、大きな注目を呼ぶ。
一八〇一年　八月一五日、一人息子ハンス・ヤーコプ死去。
一八〇二年　ヨハン・ザムエル・イートによる学園の査察。肯定的評価がブルクドルフへの訪問者の動向を強める。
一八〇三年　最初の『方法』を公表。
一八〇四～一八〇五年　ミュンヘンブーフゼーに学園が移される。フィリップ・エマニュエル・フォン・フェレンベルクとの共同経営の施設、一年後に失敗。

一八〇四年　ミュンヘンブーフゼーと平行してイヴェルドンに施設を設立する。
一八〇八年　学園、数の上で頂点に達する。
一八〇九年　イヴェルドンに女学校を設立。
　　　　　　スイス連邦の代表者会議の制定委員会がイヴェルドンの学園を査察、批判的な報告書が一八一〇年に出される。
一八一〇年　ヨーゼフ・シュミット、意見の相違によりイヴェルドンの学園を去る。
　　　　　　一八一五年にふたたび戻る
一八一五年　一二月一一日、アンナ・ペスタロッチ・シュルテス死去
一八一六年　あからさまな争いの勃発後、数人の教師たちが学園を去り、その一部がイヴェルドンに競合する学校を設立する。
一八一八年　イヴェルドン近郊のクリンディに貧民教育施設を設立。
一八二五年　州や地方当局との争いの後、イヴェルドンを去り、ノイホーフに戻る。
一八二六年　『白鳥の歌』を出版。
一八二七年　二月一七日、ブルックで死す。

事項索引

か

学園長 6
共和主義 15, 19, 28, 31, 36, 39, 41, 42, 47, 48, 66, 106-108, 118, 122, 127, 134, 142, 154
国民経済 42

さ

宗教 iii, 21, 50, 61, 94, 97, 102, 104, 107, 113, 117, 118, 135, 152
商業化 15, 19, 22, 23, 27
女学校 162
青年運動 15-17, 24, 27, 28, 33-35, 40, 41, 58
扇動 33

た

徳 18, 19, 22, 23, 27, 31-34, 36, 41, 42, 45, 47, 49, 50, 53-55, 60-63, 66, 67, 70-74, 76-78, 80-83, 87, 88, 94-97, 102, 103, 113, 118, 132, 134-136, 160, 164

は

貧民 7, 44-46, 55, 102, 115, 116, 127, 136-138, 149, 162
貧民教育 7, 44, 46, 115, 116, 127, 136, 162
貧民施設 45, 46, 55, 116, 137, 138
フランス革命 11, 53, 66, 67, 69, 71, 80, 105, 132
ヘルヴェチア革命 16, 75, 80
方法 v, 4, 6-12, 43, 47, 55, 60, 79, 80, 86, 89, 90, 92, 94-107, 109, 111, 121-124, 126, 128, 135, 138, 140-142, 144-146, 151-153, 155, 161, 164

や

有徳の共和国 132, 134, 135

地名索引

あ

イヴェルドン 6, 7, 106, 110, 111, 115-117, 120, 121, 124, 126, 127, 129-131, 133, 135, 136, 138-141, 143-145, 147, 150, 152, 162
イエナ 104
イギリス 126, 138, 139, 143, 145
ヴォー 140, 143, 144
オーストリア 22, 53, 55-57, 126, 132

か

キルヒベルク 37, 41, 160
クリンディ 127, 136-138, 162
グルニゲル 89

さ

シェンケンベルク 45
シュテェファ 73
スペイン 126

た

チューリッヒ vi, 13, 15-17, 19-34, 36, 37, 39-41, 43, 47, 49, 50, 54, 58, 69, 72-75, 80, 99, 105, 107-109, 132, 134, 155-157, 160
デンマーク 106, 121

な

内部スイス 83, 89, 152
ノイホーフ 6-8, 39, 40-42, 44-46, 54, 55, 79, 82, 115, 140, 144-147, 150, 160, 162

は

バーゼル 45, 46
ハンガリー 126, 133
ビル 39, 151, 160
フランス 4, 11, 21, 22, 53, 66-72, 74, 80-83, 85, 88, 105, 114, 117, 126, 132, 133, 145
ブルクドルフ 6, 37, 41, 80, 89-92, 95, 97, 100, 106, 110, 113, 114, 121, 127, 128, 145, 161
ブルック 8, 141, 150, 162
プロイセン 101, 104-106, 142, 143
ベルン 37, 41, 43-45, 47, 57, 81, 89, 91, 96, 113, 114, 154, 156

ま

ミュンヘンブーフゼー 6, 114, 161, 162

165

ら

ラファーター・ヨハン・カスパル 29
リーマン・カール・フリードリッヒ 102
ルイXVI 68
ジャン・ジャック・ルソー 4, 36, 59, 108
ルター・マルチン 106

わ

ワシントン・ジョージ 68

は

ハーラー・カール・ルードヴィヒフォン　142
ハミルトン・アレキサンダー　68
ビースター・ヨハン・エーリッヒ　102, 103
ピイアーポント・グレーヴズ・ジェームス　138
ビーバー・エドゥアルト　147
ヒルツェル・ヨハン・カスパル　24
フィッシャー・ヨハン・ルドルフ　91
フィヒテ・ヨハン・ゴットリープ　69, 105
フェレンベルク・ダニエル フォン　57
フェレンベルク・フィリップ・エマヌエル フォン　75
フォーゲル・ダフィト　107
フュースリ・ヨハン・ハインリッヒ　29
ブライティンガー・ヨハン ヤーコプ　24
フレイレ・パオロ　4
フリューエ・ニクラウス フォン　112
ブルータス・マルクス・イウニウス　30
フンボルト・ヴィルヘルム フォン　68
ペスタロッチ・ゴットリープ　137, 144
ペスタロッチ・シュテルス・アンナ　28, 38, 41
ペスタロッチ・ハンス・ヤーコプ　39, 91
ペスタロッチ・ハインリッヒ・カール　144
ペスタロッチ・ホッツ・スザンナ　32
ペスタロッチ・ヨハン・パプティスト　32
ヘルバルト・ヨハン・フリードリッヒ　100
ベルンフェルト・ジークフリート　154
ボートマー・ヨハン・ヤーコプ　24, 31, 33
ボナパルト・ナポレオン　113, 126, 131, 133

ま

マイヤー・エレミアス　143
マイヤー・ヨハン・ルドルフ　62
マディソン・ジェームス　68
マリー・アントワネット　68
マリア・テレジア　53
メイナース・クリストフ　24
メイヨー・チャールズ　iv, 138
モンテスキュー・シャルル　25
モンテッソーリ・マリア　4

や

ヨーゼフⅡ　53

人名索引

あ

アギス(スパルタ王)　33, 34, 108, 160
イーゼリン・イザーク　45, 46, 50, 54-56
イート・ヨハン・ザムエル　97, 98, 161
ヴァッテンヴィル・ニクラウス・ルドルフ フォン　113
ウステリー・パウル　109
エヴァルト・ヨハン・ルードヴィヒ　103

か

カンペ・ヨハン・ヨーアヒム・ハインリッヒ　68
クライスト・エーヴァルト・クリスティアン フォン　24
クリュージー・ヘルマン　130
グレベル・フェリックス　30
クロプシュトック・フリードリッヒ・ゴットリープ　24
ケイ・エレン　4
ゲーテ・ヨハン・ヴォルフガング フォン　58, 115
ゲスナー・ザロモン　24
ゴットシェート・ヨハン・クリストフ　24

さ

シュタインミュラー・ヨハン・ルドルフ　98
シュタップァー・フィリップ・アルベルト　89, 90
シュミット・カタリーナ　137
シュミット・ヨーゼフ　162
シュルテス・アンナ　38, 160
シュルテス・ハンス・ヤーコプ　44
シュルテス・ヨハネス　36, 38

た

チッフェリー・ヨハン・ルドルフ　41, 160
チャルナー・ニクラウス・エマヌエル フォン　44
ディースターヴェーク・アドルフ　152
デモステネス　33
デューイ・ジョン　4

な

ニーデラー・カストホーファー・ロゼッテ　131, 150
ニーデラー・ヨハネス　108, 128
ニコロヴィウス・ゲオルク・ハインリッヒ・ルードヴィヒ　105

■訳者紹介

大沢 裕（おおさわ・ひろし）　帝京科学大学教授

1960年　東京都生まれ

1983年　玉川大学文学部教育学科卒業

1988年　玉川大学大学院文学研究科教育学専攻博士課程修了

2009年　日本ペスタロッチー・フレーベル学会理事

教育学・教育思想専攻

主要著書

『チルドレンワールド子どもの世界』(共著、一藝社)、『チルドレンワールド子どもの世界II』(共著、一藝社)、『教育原理』(共著、保育出版社)『教育基礎論』(共著、一藝社)、『図解子ども事典』(共著、一藝社)、『教育方法論、一藝社)、『教育原理』(共著、一藝社)、『保育内容総論』(共著、一藝社)、『保育者論』(共著、一藝社)、『しつけ事典』(共著、一藝社)

椋木香子（むくぎ・きょうこ）　宮崎大学准教授

1975年　宮崎県生まれ

1998年　広島大学学校教育学部小学校教員養成課程卒業

2008年　広島大学大学院教育学研究科学習開発専攻博士課程 (後期) 修了

2008年　博士 (教育学・広島大学論文)

教育学・教育思想・道徳教育

主要著書

『子育て支援のすすめ－施設･家庭･地域をむすぶ－』(共著、ミネルヴァ書房)、『幼児教育のフロンティア』(共著、晃洋書房)、『シードブック　子どもの教育原理』(共著、建帛社)、『幼稚園と小学校の教育』(共著、東信堂)、『新保育士養成講座 第2巻 教育原理』(共著、全国社会福祉協議会)、『心をひらく道徳授業実践講座 (1) やさしい道徳授業のつくり方』(共著、溪水社)、『教師教育講座 第6巻 教育課程論』(共著、協同出版)、『教師教育講座 第7巻 道徳教育指導論』(共著、協同出版)

■監訳者紹介

乙訓 稔（おとくに・みのる） 実践女子大学名誉教授・武蔵野学院大学特任教授

1943年　東京都生まれ
1967年　上智大学文学部教育学科卒業
1972年　上智大学大学院文学研究科教育学専攻博士課程修了
1995年　スイス連邦共和国チューリッヒ大学留学（客員研究員）
2002年　博士（教育学・上智大学論文）
2012年　日本ペスタロッチー・フレーベル学会会長

教育学・教育思想専攻

主要著訳書

D．トレラー『ペスタロッチの哲学と教育学』（単訳、東信堂、1992年）、F．P．ハーゲル『ペスタロッチとルソー』（単訳、東信堂、1994年）、P．ナトルプ『ペスタロッチーその生涯と理念ー』（単訳、東信堂、2000年）、『ペスタロッチと人権ー政治思想と教育思想の連関ー』（単著、東信堂、2003年）、J．H．ボードマン『フレーベルとペスタロッチーその生涯と教育思想の比較ー』（単訳、東信堂、2004年）、『西洋近代幼児教育思想史ーコメニウスからフレーベルー』（単著、東信堂、2005年、第2版2010年）、『教育の論究』（編著、東信堂、2006年、改訂版2008年）、『ペスタロッチー・フレーベル事典』増補改訂版（編著、玉川大学出服部、2006年）、W．ベーム編著『教育と人権ー人権教育の思想的地平ー』（監訳、東信堂、2007年）、N．ハンス『教育政策の原理ー比較教育研究ー』（単訳、東信堂、2008年）、『西洋現代幼児教育思想史ーデューイからコルチャックー』（単著、東信堂、2009年）、『幼稚園と小学校の教育』（編著、東信堂、2011年、改訂版2013年）J．プリューファー『フリードリヒ・フレーベルーその生涯と業績ー』（共訳、東信堂、2011年）、『ブリタニカ国際年鑑』（ブリタニカ・ジャパン、2011年版、2012年版　一般項目「教育」担当）、『日本現代初等教育思想の群像』（単著、東信堂、2013年）、『保育原理』（監修、東信堂、2014年）

ヨハン・ハインリッヒ・ペスタロッチ

2015年4月15日　　初　版第1刷発行　　〔検印省略〕

定価はカバーに表示してあります。

著　者　ダニエル・トレェラー
監訳者©乙訓　稔
発行者　下田勝司

印刷・製本／中央精版印刷

東京都文京区向丘1-20-6　郵便振替00110-6-37828
〒113-0023　TEL（03）3818-5521　FAX（03）3818-5514

発行所　株式会社 東信堂

Published by TOSHINDO PUBLISHING CO., LTD.
1-20-6, Mukougaoka, Bunkyo-ku, Tokyo, 113-0023, Japan
E-mail : tk203444@fsinet.or.jp　http://www.toshindo-pub.com

ISBN978-4-7989-1295-0 C3037

東信堂

子どもが生きられる空間—生・経験・意味生成　高橋勝　二四〇〇円
流動する生の自己生成—教育人間学の視界　高橋勝　二四〇〇円
子ども・若者の自己形成空間—教育人間学の視線から　高橋勝編著　二七〇〇円
文化変容のなかの子ども—経験・他者・関係性　高橋勝　二三〇〇円
グローバルな学びへ—協同と刷新の教育　田中智志編著　二〇〇〇円
教育の共生体へ—ボディエデュケーショナルの思想圏　田中智志編　三五〇〇円
人格形成概念の誕生—近代アメリカの教育概念史　田中智志　三六〇〇円
社会性概念の構築—アメリカ進歩主義教育の概念史　田中智志　三八〇〇円
教育による社会的正義の実現—アメリカの挑戦（1945-1980）　D・ラヴィッチ著　末藤美津子訳　五六〇〇円
学校改革抗争の100年—20世紀アメリカ教育史　D・ラヴィッチ著　末藤・宮本・佐藤訳　六四〇〇円
フレーベルの晩年—死と埋葬　E・ヘールヴァルト編　小笠原道雄・野平慎二訳　二二〇〇円
フリードリヒ・フレーベル—その生涯と業績　J・プリューファー著　乙訓稔・廣嶋龍太郎訳　二八〇〇円
ヨハン・ハインリッヒ・ペスタロッチ　D・トレラー著　乙訓稔監訳　二二〇〇円
フレーベルとペスタロッチ—その生涯と教育思想の比較　J・H・ボードマン著　乙訓稔訳　二五〇〇円
ペスタロッチと人権—政治思想と教育思想の連関　乙訓稔　三二〇〇円
保育原理—保育士と幼稚園教諭を志す人に　乙訓稔監修　二二〇〇円
幼稚園と小学校の教育【改訂版】—初等教育の原理　乙訓稔編著　二二〇〇円
日本現代初等教育思想の群像　乙訓稔　二五〇〇円
西洋近代幼児教育思想史【第二版】—コメニウスからフレーベル　乙訓稔　二三〇〇円
西洋現代幼児教育思想史—デューイからコルチャック　乙訓稔　二三〇〇円
地上の迷宮と心の楽園〔コメニウスセレクション〕　J・コメニウス　藤田輝夫訳　三六〇〇円
パンパイデア〔コメニウスセレクション〕—生涯にわたる教育の改善　J・コメニウス　太田光一訳　五八〇〇円

〒113-0023　東京都文京区向丘 1-20-6　TEL 03-3818-5521　FAX03-3818-5514　振替 00110-6-37828
Email tk203444@fsinet.or.jp　URL:http://www.toshindo-pub.com/

※定価：表示価格（本体）＋税

東信堂

比較教育学事典	日本比較教育学会編	一二〇〇〇円
比較教育学の地平を拓く	山田肖子・森下稔編著	四六〇〇円
比較教育学—越境のレッスン	馬越徹	三六〇〇円
比較教育学—伝統・挑戦・新しいパラダイムを求めて	M・ブレイ編著 馬越徹・大塚豊監訳	三八〇〇円
国際教育開発の再検討—途上国の基礎教育普及に向けて	小川啓一・西村幹子・北村友人編著	二四〇〇円
発展途上国の保育と国際協力	浜野隆・三輪千明著	三八〇〇円
トランスナショナル高等教育の国際比較—留学概念の転換	杉本均編著	三六〇〇円
中国教育の文化的基盤	顧明遠著 大塚豊監訳	二九〇〇円
中国大学入試研究—変貌する国家の人材選抜	大塚豊	三六〇〇円
中国高等教育独学試験制度の展開	南部広孝	三二〇〇円
中国の職業教育拡大政策—背景・実現過程・帰結	劉文君	五〇四八円
中国高等教育の拡大と教育機会の変容	王傑	三九〇〇円
現代中国初中等教育の多様化と教育改革	楠山研	三六〇〇円
文革後中国基礎教育における「主体性」の育成	李霞	二八〇〇円
「郷土」としての台湾—郷土教育の展開にみるアイデンティティの変容	林初梅	四六〇〇円
戦後台湾教育とナショナル・アイデンティティ	山﨑直也	四〇〇〇円
ドイツ統一・EU統合とグローバリズム—教育の視点からみたその軌跡と課題	木戸裕	六〇〇〇円
教育における国家原理と市場原理—チリ現代教育史に関する研究	斉藤泰雄	三八〇〇円
中央アジアの教育とグローバリズム	嶺井明子・川野辺敏編著	三二〇〇円
インドの無認可学校研究—公教育を支える「影の制度」	小原優貴	三二〇〇円
バングラデシュ農村の初等教育制度受容	日下部達哉	三六〇〇円
オーストラリアのグローバル教育の理論と実践—開発教育研究の継承と新たな展開	木村裕	三六〇〇円
オーストラリアの教員養成とグローバリズム—多様性と公平性の保証に向けて	本柳とみ子	三六〇〇円
[新版]オーストラリア・ニュージーランドの教育—グローバル社会を生き抜く力の育成に向けて	青木麻衣子・佐藤博志編著	二〇〇〇円
オーストラリアの言語教育政策—多文化主義における「多様性と」「統一性」の揺らぎと共存	青木麻衣子	三八〇〇円
マレーシア青年期女性の進路形成	鴨川明子	四七〇〇円

〒113-0023 東京都文京区向丘1-20-6 TEL 03-3818-5521 FAX03-3818-5514 振替 00110-6-37828
Email tk203444@fsinet.or.jp URL:http://www.toshindo-pub.com/

※定価：表示価格（本体）＋税

東信堂

マナーと作法の社会学　加野芳正編著　二四〇〇円
マナーと作法の人間学　矢野智司編著　二〇〇〇円
ポストドクター―若手研究者養成の現状と課題　北野秋男　三六〇〇円
日本のティーチング・アシスタント制度―大学教育の改善と人的資源の活用　北野秋男編著　二八〇〇円
「再」取得学歴を問う―専門職大学院の教育と学習　吉田文編著　二八〇〇円
航行を始めた専門職大学院　吉田文・橋本鉱市　二六〇〇円
学級規模と指導方法の社会学―実態と教育効果　山崎博敏　二二〇〇円
「学校協議会」の教育効果―「開かれた学校づくり」のエスノグラフィー　平田淳　五六〇〇円
夢追い形進路形成の功罪―高校改革の社会学　荒川葉　二八〇〇円
進路形成に対する「在り方生き方指導」の功罪―高校進路指導の社会学　望月由起　三六〇〇円
教育から職業へのトランジション―若者の就労と進路職業選択の社会学　山内乾史編著　二六〇〇円
階級・ジェンダー・再生産―現代資本主義社会の存続メカニズム　橋本健二　三二〇〇円
教育と不平等の社会理論―再生産論をこえて　小内透　三二〇〇円

〈シリーズ　日本の教育を問いなおす〉
拡大する社会格差に挑む教育　西村和雄・大森不二雄・倉元直樹・木村拓也編　二四〇〇円
混迷する評価の時代―教育評価を根底から問う　西村和雄・大森不二雄・倉元直樹・木村拓也編　二四〇〇円
教育における評価とモラル　西村和雄・戸瀬信之編　二四〇〇円

〈大転換期と教育社会構造：地域社会変革の社会論的考察〉
第1巻　教育社会史―日本とイタリアと　小林甫　七八〇〇円
第2巻　現代的教養Ⅰ―生活者生涯学習の地域的展開　小林甫　六八〇〇円
第2巻　現代的教養Ⅱ―技術者生涯学習の生成と展望　小林甫　六八〇〇円
第3巻　学習力変革―地域自治と社会構築　小林甫　近刊
第4巻　社会共生力―東アジアと成人学習　小林甫　近刊

〒113-0023　東京都文京区向丘1-20-6　TEL 03-3818-5521　FAX03-3818-5514　振替 00110-6-37828
Email tk203444@fsinet.or.jp　URL:http://www.toshindo-pub.com/
※定価：表示価格（本体）＋税

東信堂

大学の自己変革とオートノミー—点検から創造へ	寺﨑昌男	二五〇〇円
大学教育の創造—歴史・システム・カリキュラム	寺﨑昌男	二五〇〇円
大学教育の可能性—教養教育・評価・実践	寺﨑昌男	二五〇〇円
大学は歴史の思想で変わる—FD・評価・私学	寺﨑昌男	二八〇〇円
大学改革　その先を読む	寺﨑昌男	一三〇〇円
大学自らの総合力—理念とFD そしてSD	寺﨑昌男	二〇〇〇円
高等教育質保証の国際比較	羽田貴史・米澤彰純・杉本和弘 編	三六〇〇円
主体的学び　創刊号	主体的学び研究所編	一八〇〇円
主体的学び　2号	主体的学び研究所編	一六〇〇円
「主体的学び」につなげる評価と学習方法—カナダで実践されるICEモデル	土持ゲーリー法一監訳	一〇〇〇円
ポートフォリオが日本の大学を変える—ティーチング/ラーニング/アカデミック・ポートフォリオの活用	土持ゲーリー法一	二五〇〇円
ティーチング・ポートフォリオ—授業改善の秘訣	土持ゲーリー法一	二〇〇〇円
ラーニング・ポートフォリオ—学習改善の秘訣	土持ゲーリー法一	二五〇〇円
学生支援に求められる条件—学生支援GPの実践と新しい学びのかたち	大島勇人・浜島幸司・清野雄多	二八〇〇円
学士課程教育の質保証へむけて—学生調査と初年次教育からみえてきたもの	山田礼子	三二〇〇円
大学教育を科学する—学生の教育評価の国際比較	山田礼子編著	三六〇〇円
アクティブラーニングと教授学習パラダイムの転換	溝上慎一	二四〇〇円
大学生の学習ダイナミクス—授業内外のラーニング・ブリッジング	河井亨	四五〇〇円
「学び」の質を保証するアクティブラーニング—3年間の全国大学調査から	河合塾編著	二〇〇〇円
「深い学び」につながるアクティブラーニング—全国大学の学科調査報告とカリキュラム設計の課題	河合塾編著	二八〇〇円
アクティブラーニングでなぜ学生が成長するのか—経済系・工学系の全国大学調査からみえてきたこと	河合塾編著	二八〇〇円
初年次教育でなぜ学生が成長するのか—全国大学調査からみえてきたこと	河合塾編著	二八〇〇円

〒113-0023　東京都文京区向丘 1-20-6　TEL 03-3818-5521　FAX03-3818-5514　振替 00110-6-37828
Email tk203444@fsinet.or.jp　URL:http://www.toshindo-pub.com/

※定価：表示価格（本体）＋税

東信堂

オックスフォード キリスト教美術・建築事典	P&L・マレー著 中森義宗監訳	三〇〇〇〇円
イタリア・ルネサンス事典	J・R・ヘイル編 中森義宗監訳	七八〇〇円
美術史の辞典	P・デューロ他 中森義宗・清水忠訳	三六〇〇円
書に想い 時代を読む	河田悌一	一八〇〇円
日本人画工 牧野義雄—平治ロンドン日記	ますこ ひろしげ	五四〇〇円
〔芸術学叢書〕		
芸術理論の現在—モダニズムから	藤枝晃雄 谷川渥 編著	三八〇〇円
絵画論を超えて	尾崎信一郎	四六〇〇円
美を究め美に遊ぶ—芸術と社会のあわい	江藤光紀 荻野厚志 田中佳 編著	二八〇〇円
バロックの魅力	小穴晶子編	二六〇〇円
新版 ジャクソン・ポロック	藤枝晃雄	二六〇〇円
美学と現代美術の距離—アメリカにおけるその乖離と接近をめぐって	金悠美	三八〇〇円
ロジャー・フライの批評理論—知性と感受性の間で	要真理子	四二〇〇円
レオノール・フィニ—境界を侵犯する新しい種	尾形希和子	二八〇〇円
いま蘇るブリア＝サヴァランの美味学	川端晶子	三八〇〇円
〔世界美術双書〕		
バルビゾン派	井出洋一郎	二〇〇〇円
キリスト教シンボル図典	中森義宗	二三〇〇円
パルテノンとギリシア陶器	関隆志	二三〇〇円
中国の版画—唐代から清代まで	小林宏光	二三〇〇円
象徴主義—モダニズムへの警鐘	中村隆夫	二三〇〇円
中国の仏教美術—後漢代から元代まで	久野美樹	二三〇〇円
セザンヌとその時代	浅野春男	二三〇〇円
日本の南画	武田光一	二三〇〇円
画家とふるさと	小林忠	二三〇〇円
ドイツの国民記念碑—一八一三年—一九一三年—	大原まゆみ	二三〇〇円
日本・アジア美術探索	永井信一	二三〇〇円
インド、チョーラ朝の美術	袋井由布子	二三〇〇円
古代ギリシアのブロンズ彫刻	羽田康一	二三〇〇円

〒113-0023 東京都文京区向丘 1-20-6 TEL 03-3818-5521 FAX03-3818-5514 振替 00110-6-37828
Email tk203444@fsinet.or.jp URL:http://www.toshindo-pub.com/

※定価：表示価格（本体）＋税